JN069127

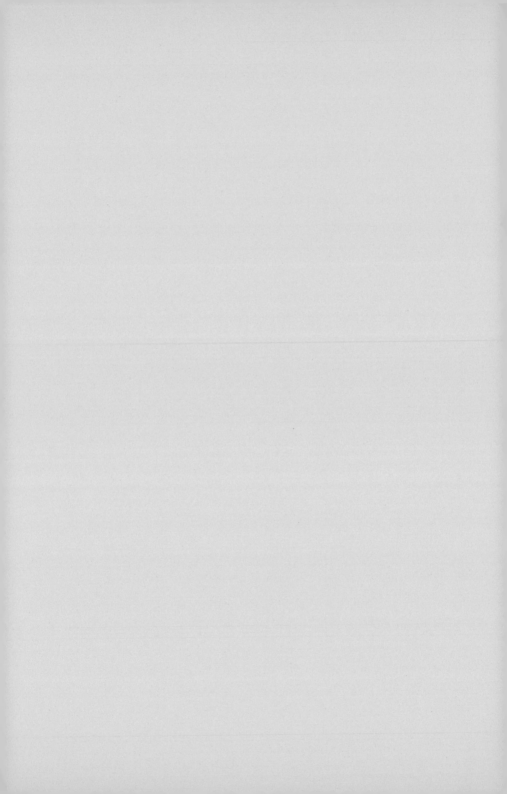

思考力を育む
教育方法

秋山　仁
浅沼　茂
奈須正裕

編著

黎明書房

まえがき

―今なぜ，「思考力」が問われているのか―

　2019 年から施行されている，新学習指導要領においては，国の教育目標の 3 本柱，「知識及び技能」「思考力，判断力，表現力等」「学びに向かう力，人間性等」が掲げられた。「思考力・判断力・表現力等」が大きな教育目標のひとつとして，前面に押し出されている。中でも，「思考力」は，なぜ，大目標として掲げられ，重視されるようになったのであろうか。

　そのうちの「思考力」という目標は，これまでの学習指導要領における「習得」「活用」「探究」というような方法的記述とは異なり，明確に学習の内容を規定している。社会科などの知識教科への揶揄となることを意識した，「思考力」は，これまでの学習指導要領の大雑把な記述とは異なり，内容における善し悪しの基準を示している。本書は，新学習指導要領のいうところの「思考力」とは何を意味し，実践はどうあるべきなのかを探究するものである。

　歴史的に見ると，「思考力」は，デューイの『思考の方法（How We Think)』（初版 1910，改訂 1933）などの著作に見られるように，進歩主義教育の中心的な目標として位置づけられてきた。思考力は，単なる「思考力（thinking)」ではなく，「反省的思考（reflective thinking)」とか「批判的思考(critical thinking)」というような概念で，思考そのものを反省的に捉える（stop and think）というような意味合いで，説明されてきた。このような「思考力」は，他方において「問題解決能力」とも同義とされてきた。

1

いったい，デューイのいう「批判的思考」と「問題解決」とはどのような意味なのであろうか。日本には多くのデューイ研究者がいる。中でも関勤は60年ほど前のデューイの「反省的思考」に関わる論考において，デューイの「思考」に関する議論を集約している。関勤によれば，思考は「与件と観念との二つの連続的評価である」という。「与件」とは，言い換えれば，物事を考える上での前提，「仮説」という意味であれば，わかりやすい。そして「観念」とは，その仮説を検証することによって得られる「結論」ないし「判断」というように理解すればわかりやすい。そして，デューイが強調していたのは，立ち止まって問題を見つめ，仮説を構成し，事実によって検証するという過程を永続的に繰り返すことである。

　デューイに先立ち，パースは，「思考は自己の信念に対する不満」（『連続性の哲学』）から始まると述べている。このように，自己の今まで何気なく信じていたものに対する疑問が出て来ることが思考の始まりであるということになる。

　このプラグマティズムの基本理念は，本書と同じ系列の『思考力を育くむ道徳教育の理論と実践』（黎明書房，2018年）においては，「価値葛藤」という概念の中にも生きている。人は徳目を無謬のごとく諭されたとき，それがもっている矛盾や合理性について「考える」ことはない。だから，道徳は価値葛藤を経て初めてその妥当性や合理性について考えるのである。

　思考力は，仮説の構成と検証と判断から成り立つものと説明されるが，他方，直観的思考のような，前提と結果が不明のものもある。

　本書の編集者である，秋山仁先生は，大野寛武先生の正多面体公式の授業について，難しい言葉を使うことなく，子どもが爪楊枝でできた正多面体の模型を触りながら，本質を直観的に感ずることが，物事の法則の発見には，必要であると解説している。つまり，誰かが法則はこれこれであると言葉や記号を天下り式に教えるのではなく，直接何かのもの

に触れ，自分から感じて何かを「気づく」または「発見する」ことが，必要であると述べている。「感じる」ことは，自分が作った仮説を「検証する」ことにつながるのである。秋山先生は，それを「発見的教授法（ヒューリステック）」と名づけている。

　日本の学習指導要領では，「思考力」目標に関わる実践の例示は，まだ数えるほどしかなく，かつそれらの思考力の内容についての説明はない。思考力とは一体何であろうか。帰納と演繹，仮説的推論，直観的思考にいたる多様な思考の形についての哲学や心理学の議論を踏まえることが肝要である。

　「思考力」が新学習指導要領において重きをなすようになったのは，国際化のインパクトが大きい。21世紀型リテラシーを資質・能力と言い換え，PISAのテストや国際バカロレアのめざす「学力」が，暗記的知識の習得を超えたところにあるという理解が広まったという背景がある。

　本書は，例えばそれはどのような実践になるのか，具体的に示すことを一番の目的としている。書き手に実践家が多いのが，本書の特徴である。

　2022年6月1日

　　　　　　　　　　　　　　　　　　　浅沼　茂

目　次

第Ⅱ部　思考力を育む教育方法の実際

第Ⅰ部

思考力を育む
教育方法の原理

第 1 章

思考力を育む教育方法の史的系譜と原理

浅沼　茂

　「思考力」は，デューイの「批判的思考力」や「反省的思考」について論じた『思考の方法（How We Think）』以来，進歩主義的な教育の目標として常に掲げられて来たものである。その内容は，明確な形として示されることがなく，デューイの論考の解釈から哲学者の間での議論まで錯綜している。ここでは，その思考のプロセスについて，帰納・演繹・アブダクション（仮説的推論）・直観的思考までを広く取りあげ，ポイントを整理したい。

1　PISA のテストがいう「思考力」とは

　プラグマティストが言うような「仮説」から「判断」に至る「仮説の検証」という思考過程を PISA のテストは，どのように例示化しているのであろうか。

　仮説の検証は，PISA のテスト問題の解答に至る基本的ステップである。PISA は，「思考力」目標の学力観の元になったものであるのに，そこにある「思考力」を測るという趣旨は理解されているとは，到底思えない。2019 年の PISA のテストでの成績 15 位という結果，つまり，日本の子どもの「読解力」の弱さは，何を意味しているのだろうか

　国語の時間を増やしたのに，という声は当然出てくるであろう。でもサンプル問題をよくよく見てほしい。あれは，日本語で言うところの「読解力」と同じであろうか。ラバヌイ島のモアイ像を運んだと考えら

れる大量の大木の実が，ナンヨウネズミにかじられて消えてしまったのではないかという賛否が分かれる歴史的仮説について，両者の理論を並べて，その妥当性を検証するというのは日本語の文章ではあまりお目にかからない問題である。

　仮説自体を検証するという議論を自らが立て学ぶというような勉強は，日本では，中学校や高校の国語，社会科，いや各教科全般でなされているだろうか。○×式のクイズ問題に条件付けされている子どもたちは，例えば，PISA のあるサンプル問題，南洋群島の森林の消滅に関する文化人類学者の議論についての問題でも，単純な推論「ネズミがいたから」とだけ「選択」すれば，ピンポンというようなテレビのクイズ番組のような「思考」をする子どもが多くなりがちである。結果，日本の子どもは推論が複雑になることを避けようとする傾向が強い。このように推論の単純化は，ゲーム化した子どもの思考パターンの特徴である。

　以前の PISA のサンプル問題にあったような「落書きの賛否問題」で，日本の子どもは，理由を書く問題になると途端にできなくなっていた。日本の子どもは，○か×かで正解だけをほしがる傾向が強い，だから間違えてはいけないと思うのか，理由を書かない，あるいは書けなくなってしまうのだと考えられる。

　さらに言うなら，「読解力」は，私たちの考えるような日本の国語的文章読解力ではない。「読解力」という言い方ですべてを括ってはいけない。言うならば，PISA の読解力テストは，「分析哲学的読解力」である。

　イギリスのヒュームは，見てくれの因果関係に対して，事物の生起についてより深く，精緻に思考することを要求した。いわく，テーブルの上においた花瓶が床の上に落ち，割れた場合，花瓶が落ちたことと割れたことには因果関係はあるだろうか。

　ふつうの感覚からは，花瓶が落ちることと，花瓶が割れることは，当然因果関係がある，ということになる。ところが，ヒュームは，両者には因果関係はないと，主張したのである。たしかに，よく考えてみると，

花瓶が金属でできていれば割れることはないし，落ちるということと割れることには因果関係は成立しない。

　ヒュームにおける因果関係の話は，何を意味しているのであろうか。一つは，見かけの常識的思考にとらわれるなということを意味している。常識的には，古代には太陽が地球の周りを回っていると信じられていた。しかし，今では誰もそれをそう思う人はいない。なぜだろうか。その常識に疑いを持つ人がいたからである。

　それは，当たり前（taken for granted-ness）とされる常識に対して「立ち止まって考える（stop and think）」ということをあえてする機会をもつことが大切だということを意味している。

　このような教材は，国語だけでなく，社会科，理科，道徳その他の教科においても広く取り入れられるべきである。このような「読解力」は，国語の時間を増やせば足りるというものではない。日本のカリキュラムの弱点と言ってよい。

2　国際バカロレアのインパクト

　国際バカロレアのカリキュラムには，日本の教育の手本となるべき内容が豊富なのだが，エリートのための教育というようなイメージが強く，なかなかその長所が伝わらない。国際バカロレア本部自体が，高校の2，3年生の英語，仏語，スペイン語によるカリキュラムという方針を改め，中学校，小学校段階では母国語でも良いとしたせいか，外国語の勉強であるというイメージを払拭しつつある。

　中でも，「知の理論（Theory of knowledge）」は，イクステンデット・エッセイという論文作成と並んで，カリキュラムの中心にある。この勉強は，欧米の論理学的な哲学の典型であり，知識暗記型のカリキュラムとは，全く異なっている。

　例えば，かつて聖心インターナショナル・スクールにいたティム・ベ

ッドフォード先生の授業，“Is it possible to believe without knowing? Is it possible to know without believing?” の授業は，暗記の勉強とは，全く異なる。それは，自分で知識を生み出さなければならない，典型的な授業である[1]。

　高校 2 年生段階の「知の理論」のある単元は，「知ることなくして信じることはできるか」である。先生は，発問する。「誰か，何かを強く信じている人を思い浮かべ，具体的な人をあげてみなさい。そして，その人のことを弁護してごらんなさい。そして，なぜ，そう信じているのかを考えなさい。5 分間あげますのでそれをノートに書きなさい」。事実の「もみ消し」に関する一文章を載せたプリントを配り，ヒントを与える。この指示に続き，「それが終わったら，次は，信じることなくして知ることはできるか，という問題について同様に考えなさい」。発問として，そのような具体例をあげるという要求は，一見簡単なようであるが，非常にむずかしい課題である。

　生徒は，先生の要求に対して，実に多様な答えを出した。例えば，「狂信的な宗教信者は，自己の個人主義的価値観から心を閉じる」とある生徒は答える。「心とはなんですか……公共的なものが入ってこようとすると人はなぜ心を閉じるのですか……」と先生は尋ねる。「……直観的なもの……」「……感情的なもの……」と生徒は答える。事実のもみ消しは，「……ある仮説にしがみつくことからくる……」という生徒。生徒の答えも，先生の質問も一つのテーマに対して，いろいろな言い換えをすることによって進む。先生の発問は，「……異端者の問題は，……」というような宗教と真実という問題につなげようとすることによって，問題の探究の明確化をはかる。

　一般的に信じられていることという意味で「公的知識」という言葉を使ったベッドフォード先生の発問は，民主主義圏の欧米から見れば，ウクライナを侵略しようと多くの人々を情け容赦なく殺戮しているプーチンを，ロシアの大衆の 8 割以上が正義の戦いとして支持しているとい

う今ある現実を考える上で，重要な原理である。それは，「信じる」ということと「知る」ということの関係性の意味を明確に示していた。

「事実が，人によって異なって見えるのはどうしてか……」と先生は，議論を誘っていたが，今もなお，この発問は生きている。

この授業では，生徒達の語彙は非常に豊富であり，「価値観」「心の根底にある大事なもの」というような，言い回しを自らの言葉のように操る表現技能のレベルは高い。

3　思考力を育てる日本の学習例

日本では，思考力を育てる授業実践はなかったであろうか。いや，そのようなことはない。ただし少ない。

例えば，本書にも登場する大野寛武先生の正多面体の公式を「創り出す」授業では，生徒が爪楊枝を使い，電子糊で各頂点をつなぎ合わせ，正多面体の模型を作り，作った模型を触りながら，辺や面の形や頂点の数を見て，公式ができるかという課題を生徒にいきなり出す。先生は答えに関しては何も教えない。ただし，黒板に書いた生徒の公式の一つひとつを丹念に検証をする。この課題に正解を出せたのは，クラスで1人だけである。では，1人しか正答に到達できなかったから，この授業は，失敗であろうか，というと決してそのようなことはない。全員がああではないかいやこうではないかと，仮説を実際に黒板上で試すことで，「仮説的推論」を思考しているのであり，その仮説をひねり出すプロセスに「思考力」を伸ばすカギがある。

また，30年も前の東大附属中高校の理科の「仕事」という単元の授業では，当時のソ連の心理学者ユージン氏がやってきて，佐巻建男先生に実験授業をさせた。先生は，デスクの上のつるつるのスレート板の上にのせたプラスチック片を弾いて，いきなり，この現象の公式を作れと指示する。先生は，実験を見せるだけで何も教えない。公式は，教師か

ら与えられるものとふだんから癖をつけられていた生徒は，自らが公式を探るなんて思っていなかったものであるから，しどろもどろに自分なりの公式を作っていた。いろいろな表現で正しい公式らしきものを出せた者は，3割ほどである。先生は，構わず，その公式で，日常生活にあるテコや滑車などの動きを説明できるかどうかを試させる。そして，最後は生徒自作のテスト問題を創作させる。公式は，仕事＝質量×距離，という単純なものである。けれども，その解にいたるまでにどれだけの仮説と仮説の検証という作業が必要であったろうか。そのプロセス自体が，思考力を育てるものであった[2]。

　新学習指導要領では，「思考力」についての原理的な説明はないが，各教科の各単元ごとにそのねらいとして掲げられている。文科省のホームページでは，「総合的学習の時間」において，少ないながらも具体例が示されている。総合的学習の時間は，発見学習的な思考力育成の場でもある。なぜなら，生徒は，答えを与えられるのではなく，答えを自分で見つけ出さねばならないからである。

　このように，思考力は，そのプロセスの概念的説明を暗記するのではなく，「ものそのもの」に関して「与件と概念」が結びつき，「意識するものと意識されるもの」が乖離することなく一体化している必要がある。

4　総合学習と思考力

　文科省のホームページでは，「思考力・判断力・表現力等」の目標に関わって，具体的な事例を挙げている。それは，特に総合的な学習の時間の実践事例に関わっている。総合的な学習の時間には，「固有な見方・考え方」があり，それを生かして「横断的・総合的な学習を行うことを通して，よりよく課題を解決し，自己の生き方を考えていくための資質・能力を育成する」ことが目指されなければならないとある。

　例えば，

「大槌町は，学校運営協議会での熟議を通じて子どもたちに『郷土への誇り』がもてるように，『社会の変化に柔軟に対応する力』や『将来への夢や希望を描き実現へ向けて努力する力』を身に付けさせることとしました。そこで，地域住民の参画を得て行う『地域産業に関する学習』『防災教育』『ボランティア教育』『福祉教育』『キャリア教育』等の内容を盛り込んだ，小中９年間の『ふるさと科』のカリキュラムを策定しました」とある。

あるいは，

「周防大島高校では，地域と連携した教育活動を充実させ，故郷への誇りと未来を拓く力を生徒に育成することを」目指す。そこで，「１年生は総合的な学習の時間に，２・３年生は独自教科『地域創生』の時間に，島を学びの現場にして，島の魅力・良さを調査・発信したり，島の課題を知りその解決策を考えたりする『島・学・人プロジェクト』」に取り組む。また，「事例２：山口県周防大島町③『島・学・人プロジェクト』の実施には，漁協や観光協会，町等との連携が不可欠です。……また，地元の海産物や農作物が販売される『海の市』での販売実習や運営補助等を行っています。例えば，英語を使った地域貢献活動として，・小学校への高校生出前授業，・観光ガイドブックの翻訳，・外国人向けの島内体験ツアーの企画と実践などを，高校と地域が連携して行」う，という[3)]。

これら２つのモデル実践事例は，単純に総合学習のプロジェクトを思いつきで言っているのではなく，現実の生活問題を生徒自身がリアルに考えることにより成り立っている。実際の生活場面での問題に対して，生徒が直接体験的に問題に立ち向かうことによって，多様な変数の順列・組み合わせを構造的に思考する力が養われる。しかし，残念ながら，このような事例は，未だ希少である。このような実践事例に，どのような可能性がありうるのかを考えてみよう。

5　思考力を育てる授業の定式化

(1)　仮説実験授業

日本では，思考力を育てる授業に関する定式化は少ない。板倉聖宣氏の仮説実験授業は，物理のみならず，社会現象についての仮説の違いを討論によって明確化し，実験的事実によって検証するという授業を定式化したものである。仮説を構成し，予想を立て，実際に実験や歴史的数量によって検証するというその手法は，自分の思考内容を絶対視せず，異なる立場の意見を尊重し，お互いの仮説の妥当性を事実によって検証するという思考のプロセスを定式化したものとして重要である。歴史事象について数量化できる部分についての思考過程はある程度定式化はできた。しかし，学説の違いから出て来る非数量的な歴史的事象の解釈についてのディベートは，仮説的推論の実験には至らなかった。

(2)　批判的思考

米国では，リチャード・ポウルのような「批判的思考 (critical thinking)」のグループが，独自の授業案のハンドブックを作っている。ポウルの「批判的思考」は，わかりやすく，現場の教師に大きな影響力を与えている。それは，「ストラテジー」という言葉で，非自己中心的で，判断を急がず，視野を広げ，議論を明確化し，批判的に，諸説の仮説を検証し，証拠の妥当性を評価する，というような基準を細分化して，教案作りに生かすように説いている[4]。

このマニュアルは，例えば，「体毛は，動物の体温を保つ」という命題に対して，授業案を伝統的なやり方から次のように改訂するよう要求する。

伝統的な教科書では，2つの缶のラベルを剥がし，一方に綿を貼り付け，他方はそのままにして，中にお湯を入れて，5分ごとに温度の変化

をグラフに付ける。それによって，体毛があるほうが長く温度が保たれるということがわかるだろう，というものである。

　批判的思考のグループは，このやり方が，何も児童に考えることをさせていない，と批判する。まず，「単純化のしすぎを避ける」という基準が適用される。教案は次のように改革される。児童は，次のような問いを発するように指導する。

　同じ内容物を缶に満たすのはなぜか。もしそうしなかったらどうなるのか。その結果に影響を与えるのは，どのようにしてか。なぜ，2つの缶は，同じ内容をもたなければならないのか。なぜ，グラフを作るのか。そのデータは，他のやり方で作ることができるのか。どちらがこの種の情報としてよいのか。それは，なぜか。結果をどのようにすれば予想できるのか。なぜ，一方の缶だけに綿を貼り付けるのか，そしてなぜ，綿なのか，理由を言わせる。そして，温度を測ることによって何がわかるのか，言わせる。最後に，綿は，体毛とどのような関係があるか。さらに，海の動物は，どうなのか。昆虫はどうなのか考えよう，というように原理の応用まで，問い詰める。まるで，教科書の知識を自分で作りなさい，と言っているようである。

(3)　概念型思考

　このポウルの批判的思考を発展させ，「概念型思考」というより構造化した指導案作りを進めたのが，リン・エリクソンである。エリクソンは，国際バカロレアの「知の理論」の授業の実践的指導者でもある。エリクソンは，「世界を変えた指導者たち，平等のための闘争」を例示する。マザー・テレサやネルソン・マンデラが教科書に取りあげられているから偉い，というだけではない。彼らには，「平等から行動へ」という一般化された概念を「思考」へとつなげるものがあるかを問うている。その教科書の記述は，単なる「記述」であるのか，「概念」であるのか，「議論」であるのか，というようなカテゴリーに分け，「概念」を取り出し，

思考を明確に構造化し,「帰納法」的な思考をすることを説いている[5]。

　批判的思考のグループは, 学校の授業において実験や観察を伴う思考の根拠を明確化すること, そして異なる意見の人たちとの対話の形のあるべきプロセスを定式化している。

6　帰納・演繹・アブダクション・発見学習

　思考のプロセスにおいて重要なことは,「仮説の構成」と「事実の検証」というステップが, 何かということにある。C. S. パースにおいては, この過程は「アブダクション」(仮説的推論) として, 帰納でもない, 演繹でもない, 仮説を構成する思考の中核にある, 行きつ戻りつの思考過程として捉えられている。しかし, 時には, 発見的なひらめきを必要とする思考過程もある。

　ゼンメルバイス医師の話に例をとろう。科学哲学者のカール・ヘンペルは, テキスト ("Philosophy of Natural Science", 1966) で, 科学的思考について具体例をもって紹介している。1840 年頃にウィーンの市民病院で活躍したゼンメルバイス医師の話である。市民病院は, 多くの妊婦を抱え, 第一病棟は, 産褥熱で妊婦が死ぬ確率が1割近くにも上った。ゼンメルバイス医師は, いろいろな仮説を試してみた[6]。

　まず, 当時世間で信じられていたウィーンの大気の汚染があった。空気が汚染されているため, 産褥熱に感染し, 死んでしまうというものである。しかし, この仮説では, 病院に間に合わず, 路上で分娩をして産む方の死亡率がはるかに低いということを説明できなかった。

　次に, 第一病棟と比べ, 第二病棟の方が産褥熱にかかる割合がはるかに低いのは, 乱雑な研修医が少ないからだと仮定し, その比を逆にしてみた。結果は, 第一病棟の方が依然死亡率が高かった。

　次に, 死ぬ間際に訪れる神父がベルを鳴らしてくるから, ショックで死んでしまうという仮説である。そこで, ベルを鳴らさないで病棟に来

るようにしてもらった。だが，結果はやはり変わらなかった。

　そしてはては，分娩のスタイルが悪いのではと考え，横向きにさせたり，四つん這いにさせたりの分娩を試みた。が，やはり結果は，変わらなかった。

　ゼンメルバイスは，これらの仮説に「藁にもすがる気持ち」でいろいろ試みていたのだが，徒労におわった。

　そして，あるとき，同僚のコシューシカが分娩の手術の最中にメスで指を傷つけてしまった。かれは，産褥熱と同じ症状を出して，死んでしまった。

　怪我の功名とはこのことである。ゼンメルバイスに光が灯った。産褥熱とは，何らかの「毒」がうつる病気ではないか，と。そこで，はじめて，これまで，洗面器にあった水だけで荒々しく手を洗っていた医師が，消石灰を入れた水で手を「消毒」した。はっきりと効果が出た。産褥熱による死亡は激減した。つまり，これまでの医学界においては，「消毒」という観念がなかったのである。

　以上の話は，PISAのサンプルテストにも使われた有名な話である。ここに，思考力について，どのような示唆があるのであろうか。消毒以前のいくつかの仮説的試みは，「もし……ならば……こうなる」という"If, then"公式からなる，帰納的なやり方である。それに対して，コシューシカの死と「消毒」の発見（発明）は，想像力のたまものである。ヘンペルは，この発見を「創造的想像力（creative imagination）」と名付けている。

　ここで，原理の「発見」に至る思考のプロセスが，はじめて登場する。「発見」とは，クーンが説明しているように，単に何かに突き当たる，イヌも歩けば式の思考ではなく，実は主体から創造的に生まれる仮説の自己発出生産過程（ego-volitional，著者）とでも言えるような主体から出て来る「発明」なのである。

　J. ブルーナーの「発見学習」論は有名であるが，残念ながら，日本に

おいては，彼のその理論の部分は，「系統学習」論にすり替えられ，やはり，知識の積み重ねのアルゴリズム的なルーブリックのようなものになってしまっている。そこには，大切な思考の源泉である，自己創造性とか，主観的な世界の広がりとかが捨象されてしまっている。

　本書の編集者でもある，秋山仁先生は，大野寛武先生の正多面体公式の授業について，難しい言葉を使うことなく，子どもが爪楊枝でできた正多面体の模型を触りながら，直観的に感ずることが，物事の法則の発見には，必要であると解説している。つまり，誰かが法則はこれこれであると言葉や記号を教えるのではなく，自分から感じて「発見する」ことが，必要であると述べている。「感じる」ことは，自分が作った仮説を「検証する」ことなのである。秋山先生は，それを「発見的教授法」と名づけている。

7　直観的思考力とは何か

　思考力は，帰納や演繹や仮説検証のように言語化したり，記号化できるようなものばかりではない。将棋の世界のように判断のプロセスが可視化できないものもある。可視化できない判断のプロセスは，伝統的には「直観」とかいうような概念によって説明されてきたもので，「思考力」とは，別の力のように捉えられてきた。しかし，ブルーナーがかつて，『教育の過程』で述べたような発見学習は，思考力の発達における「直観」の重要性を述べてきたものである。たとえば，ブルーナーは，アメリカの五大湖周辺においてなぜ，重工業が発達したのか述べよ，というような「教えない教育」を例としてあげている。

　この直観的思考とは，何であろうか。この思考については，ピアジェは，幼少期における子どもの認識の仕方を，仮説推論的なプロセスを経ない，認識や判断として定義している。いわば，感覚的な判断である。しかし，直観は，感覚的な判断にとどまらず，科学の世界においても重要な要素

となっている。

　ヘンペルのゼンメルバイスの物語に関する仮説の生成とその検証の図式には，２つの構成要素があることに気づいたであろうか。帰納法的な実験的検証は，ああではないかいやこうではないかと，事実によって実験しながら進められる。他方，同僚コシューシカの偶然の死によって得られた「消毒」というひらめきは，もしこうならばああなるという実験を繰り返したから得られたものではない。それは，失敗を繰り返して得られたものではなく，消毒をすればその毒が消えるのではないかという仮説が先に来て，それを試すという「演繹的」なプロセスがあったから得られたものである。思考のプロセスには，このような２つのプロセスがあることを明らかにしたのである。

　これらの探究に入るにあたっては，なぜ，そうなるのかをパースは，わかりやすく説明している。パースは，「自分自身の現在の信念状態に対する不満である」と言う[7]。

　この「現在の信念状態に対する不満」とは，自分の信じてきたもの，あるいは，常識が崩れたときに生じる，「ずれ」が生じることによって，生まれる「不安」のようなものである。ルソーは，エミールが大地に沈む太陽を見て，昨日と位置がずれるのを見て「不安」が生じ，そこから，探究が始まると述べていた。このように，不安こそが，思考の始まる出発点であると述べていた。不安から生まれる疑問こそが，思考の原点なのである。パースは，それを「自己の信念への不満」として表現した。

　ゼンメルバイスにおいて，なぜ，第一病棟では高い産褥熱率なのかという疑問が生じない限り，探究的思考は始まらなかったのである。第二病棟は，曲がりなりにも手をよく洗っていたという。より忙しい第一病棟は，手を水で濡らした程度で次々と妊婦を見ていたという。そして，大気の汚染，未熟な研修医，神父のベル，分娩のスタイル，という一連の仮説が実験され，試され，否定された。帰納法的には否定された訳である。

しかし，帰納法には，創造的な要素がないかというとそうではないと，パースは見ているという。ウィリアム・デイヴィスは，帰納にも演繹にもアブダクション（仮説的推論）にある仮説構成を「検証」するというステップが含まれている，と見ている。それは，アブダクションには，可能性への直観「ありそうだ」という感覚が必要条件であると見ている[8]。

ここで，「ありそうだ」という感覚が，アブダクションの概念の核心にあるという指摘は，重要である。なぜなら，帰納と演繹だけの思考のプロセスならば，決められた原理を応用し，何パーセントが当てはまるかというような思考法になる。それに対して，アブダクションは，「ありそうだ」というステップが思考の広がりと発展につながるということなのである。

現在，私たちの知識や物事の判断は，スマホ化していて，「ありそうだ」というような思考を拡幅する余地はない。画面に現れる知識や情報についてそうだろうか，と自問し，問い合わせることはほとんどない。このような「ありそうだ」感が科学的思考の重要なステップだということをパースは，明らかにしたのである。

ゼンメルバイスは，問題を提起する。「消毒」の発見の話は，「まさか」という感覚こそが近代における科学的発見につながるということを物語っている。それは，一見偶然的な発見の結果であるかのような印象をうける。では，それ以前の研修医や神父のベルや分娩のスタイルの話は，無駄な試みであったのだろうか。いや，それまでの試みは，正解らしきものに至る試みとして，可能性の幅をせばめるためにも必要な経験であった。

ゼンメルバイスは，消毒概念に至った後，消毒により，産褥熱にかかる妊婦が減るかどうか，2つのグループに分けて検証したという。結果，消毒群と非消毒群の差異を確認したという。これは，法則を現実に実験して結果をみるという演繹的プロセスである。そして，ゼンメルバイスは，たまたまコシューシカと同じようにメスで指を傷つけ，産褥熱で死亡したという。

しかし，ゼンメルバイスは，なぜ，消毒概念に至るという飛躍を成し遂げられたのであろうか。ここにどのような「思考」があったのだろうか。ゼンメルバイスの思考法では，以前の仮説が誤りであっても正答の仮説に至っては，以前の間違いについてどこでどのように間違えたのかが説明できるという。間違えているから取り除いていくのではなく，その間違いはどこから来るのかを説明し，包摂していくという。ヘンペルは，これを「被覆モデル（covering law model）」と呼んでいる。しかし，ここには先の仮説を超越するという飛躍のステップがある。そこには，思考力の別動因としての「創造的想像力（creative imagination）」が必要であるとされ，超越論的な力が想定されている[9]。この創造的想像力こそが「思考力」の源泉である。直観的思考は何かということは，プロ棋士たちの判断に至る思考過程を解明しようとする試みに似ている。残念ながら，その思考過程は，今もこれからもブラックボックスなのである。

　注

1)　浅沼茂「国際バカロレア教育のカリキュラムについて」『中等教育研究 第3号―特集：中等学校における教育の国際化―』名古屋大学教育学部 中等教育研究第3号，1992年，15-27頁。
2)　浅沼茂ノート　1989年東京大学附属中高等学校での授業記録より。
3)　【総合的な学習の時間編】中学校学習指導要領（平成29年告示）解説 (mext.go.jp)https://www.mext.go.jp/a_menu/shotou/new-cs/_icsFiles/afieldfile/2020/01/28/20200128_mxt_kouhou02_03.pdf
4)　浅沼茂「授業改善に取り組む」下村哲夫編『学校改善新戦略』ぎょうせい，1996年，76-99頁。
5)　H. リン・エリクソン，ロイス A. ラニング，レイチェル・フレンチ，遠藤みゆき，ベアード真理子訳『思考する教室をつくる概念型カリキュラムの理論と実践』北大路書房，2020年，116頁。
6)　Carl Hempel. *Philosophy of Natural Science*. Sage Englewood Cliffs, Prentice-Hall, 1966.
7)　パースは，「学ぼうとする意思が前提とする第一の事柄は，自分自身の現在

の信念状態に対する不満である」と述べている。(パース『連続性の哲学』伊
藤邦武訳，岩波書店，2001年，61頁)

8)　『われわれがいうように帰納はさほど「創造的な」仮説ではないが，それに
もかかわらず帰納は仮説を含み，仮説なのである。』(ウィリアム H. デイヴィ
ス『パースの認識論』赤木昭夫訳，産業図書，1990年，41頁)

　　「アブダクションは低次の創造であり，あらゆる帰納はアブダクションを含
むというべきである」アブダクションが，創造への進化へとつながるものと考
えられている。(同上，40頁)

　　デイヴィスのこのアブダクションと帰納の関係の言及は，帰納における実験
が，日本語でいう単なる試行錯誤ではないということを意味している。

　　「要約すると，新しい認識はアブダクションを経て生まれ—帰納と演繹はア
ブダクションをテストする役を果たすのである。」(同上，43頁)

　　パースは，明言している。

　　「推論は演繹，帰納，仮説形成の三つのタイプからなる。」(パース『連続性
の哲学』86頁)

　　この「仮説形成」こそが，創造的思考の源泉であるとみている。思考のプロ
セスには，演繹や帰納だけではなく，仮説の形成が大きく関わっている，とい
う指摘は重要である。原理の可否は，演繹，帰納的プロセスで単純に正誤とし
て当てはめることからなるのではなく，仮説の形成というステップが入ること
によって成り立っているのである。

　　このことをパースは，「アブダクション」という概念によって第三の思考の
プロセスを定義した。

　　それは，漠然とした感覚で，次のように表現される。

　　「ここで，この点について注意しておかねばならない。第一に，パースは帰
納が『一定の確率』を与えないことを認める。この点は重要である。漠然とで
はあっても『ありそうだ』といえるのはまさにアブダクションにほかならない。
これがわれわれにとっての核心であり，また帰納とはいえ，それが実はアブダ
クションである限りは，漠然とではあっても『ありそうだ』といえるのである。」
(デイヴィス，同上，66-67頁)

9)　Carl Hempel., op. cit. ,p.15.

断り書き

　本稿は，内容において，拙著『新学習指導要領における「思考力」目標と学習』(立
正大学教職教育センター年報第3号，2022年，5-18頁)と重複する部分がある。

第2章

思考力を育む教育の意義と課題

秋山　仁

1　従来の教育で生徒たちの思考力を充分に育てられてきたか？

　"学問に王道なし"という言葉は，紀元前3，4世紀にエジプト王プトレマイオスと彼に幾何学を教えていたユークリッドとの会話に起因すると言われている。王様から「幾何学を学ぶのに，お前の著書『原論』を読むよりも簡単な道（方法）はないのか？」と問われたユークリッドが「王様と言えど，幾何学を学ぶための特別な方法などありません」と答えたのは有名な逸話だ。王様は思考力や論理力を磨くために幾何学を学ばされていたのだ。また，ユークリッドが著したこの幾何学体系の著書に関しては，正式な教育をほとんど受けたことがなく独力で弁護士となり，後に第16代米国大統領となったリンカーンが，40歳になったときに「思考力や論理性を磨きたい」とユークリッド原論を独学で読み始め，5年間かけて読破したと言われている。これらの例を挙げるまでもなく，元来，思考力や論理性を育成する教科の筆頭として挙げられてきた科目は数学であった。しかし，近年，数学のテストで優秀な成績をあげてもその人物の思考力や論理性の高さを示すものにはなっていないように感じる。

　たとえば，数学の問題を解くことができても，自分の頭で思考して解いているのではなく，"参考書や塾が効率的に分類した問題パターンとその解法を覚えていて，出題された問題に対し条件反射的に解法を当てはめて解いているだけ"という"パターン当てはめ学習"が横行し，数

学を通じて思考力の育成が図られているわけでないことが多々ある。難問とされる大学入試の問題を解いている学生であっても，より高度な解法マニュアルパターンを覚えて対応しているだけで，自分の頭で分析したり考える力がそれほどでもないといったことが残念ながら見受けられる。すなわち，一見，高度なことができているようだが，マニュアルで対応しているだけで，その範疇にないことに出くわすと思考も行動も停止してしまい，自分で問題を分析したり，仮説を立てたり，試行錯誤しながら工夫したり，修正したりしながら解決に近づけていくことができないのだ。

　数学科を志願する高校生に，「数学の何が好きなのか？」と質問すると，「微積分です。答えを求める道筋が1つで，スッキリしているので解法が覚えやすく，高得点できるから」と答える高校生がたまにいる。"プトレマイオスの定理から加法定理が導ける意外性に感動した"とか"補助線をうまく引くことによって突然真実が開けてくる平面幾何学の神秘に魅かれた"とか"あれこれ問題を考え，創作するのが好き"，"不思議を自分で解き明かしてみたい"というのであれば数学の道を志す動機として理解できる。だが，高等学校で習う微積分というのは，$\varepsilon - \delta$論法も，微積の厳密な概念も教えずに，極端な話，計算術を教えているにすぎない。だから，"微積分が好き"というのは，極端に言えば，"与えられた方法通りに計算するのが好き"と言っているに他ならず，思考力の鍛錬を要する数学科には不向きなタイプであることを（皮肉なことにも）自ら宣言しているように思える。

　以前，ある名門大学の通信工学の教授からこんな話をうかがったことがある：研究室の学生が既存の理論と矛盾する実験データを収集した。実験が正確なら，これまで明らかにならなかった新事実が潜んでいる可能性があり，「ひょっとすると大発見」と小躍りして喜んでも良いところだが，この学生は「定説通りにならないのはおかしい」と自分の実験について検証もろくにせずにそれらを廃棄して教授のところに報告にき

たそうだ。この学生は，自分の目で確かめた事実よりも，本や論文に記された知識のほうが正しいと盲目的に信じ込み，自分自身の頭で事象を分析し思考・判断する習慣が欠けていたのだ。

　科学する精神は，起こった現象に不思議や疑問を抱き，自分で原因を探り，自分の頭で思考を組み立てながらひとつひとつナゾを解き明かしていくことにある。科学の基本精神は，ものごとを冷静に見つめ，客観的な真実が浮かび上がるまでトコトン追究していく姿勢にこそある。

　現在の日本の中・高校生でフェイク・ニュースやオカルトや超常現象の存在を何の疑いも持たずに信じている人が少なくないという。情報の中には意図的に操作されたものもあるのに，思考する精神や習慣を欠いた若者たちは皆，本やスマホ，ネットなどからの一方的な情報をそのまま受け入れてしまう危険性がある。

　だが，戦後，加速されていった受験の低年齢化，テスト重視の勉強は，自分で納得するまで確かめる思考ステップを許さない。極端なところでは，受験年齢が幼稚園児にまで引き下がっている。子ども時代に「鉄の塊が海に浮かぶナゾ」を不思議がるゆとりもなく，空の星を眺める経験も感動もなしに“勉強”させられ，本やテキストに書かれた“浮力の法則”や“星の運行に関する重要項目”をひたすら覚えさせられる。数学や理科などの理系科目ですら思考を鍛えるものではなくなっている傾向があると指摘されている。このような教育の中で必然的に増産されるのが，思考力を奪われ，与えられる情報に従順な若者たちである。そして，幼少期から身に付けてしまった悪しき学習習慣ゆえ，自分で調べたり，試したりしながら思考し，ものごとの本質を根本から理解し頭の髄から納得しようとはしない。すなわち，主体的に考えようとはせずに，既存の知識を崇拝しインプットしようとするのである。

2　思考力を育めていない原因は，好奇心を持って学ばせてないこと，生徒自身の疑問を疎かにしていることにある

"高等学校までの学力は日本の生徒の方が高いが，大学以上になると欧米の学生がグーンと伸びて日本の学生を軽く追い越す"ことが長年，指摘されてきた。その原因は色々挙げられるだろうが，"学ぶ楽しさ"を知っているか，"考える習慣"を身につけているか否かの違いが最も大きいと思う。一般に日本では，"学ぶ"とか"勉強する"という言葉には"やりたいこと"ではなく，"我慢し努力してやること"というイメージが強い。だが，学ぶべき対象と自分の好奇心が合致したとき，学ぶ行為は楽しい行為に昇華するのである。すなわち，"なぜだろう→知りたい"，"へえー，それはそういうことだったのか"と，好奇心を刺激しながらの学習や探究は，学習者にとって主体的に思考する行為となり，楽しいものになる。「研究の原動力は好奇心である。研究は楽しくて楽しくてしょうがない。」と，2021年度のノーベル物理学賞を受賞した真鍋淑郎博士が笑顔で述べていた言葉は，まさに，"深く思考を推進していく力と好奇心が不可分なこと"を言い得ている。思考力のある人は，対象に好奇心をもって思考しながら学ぶ姿勢を持っていることが多い。そのことが，主体的に学習し，考えることの楽しさを学習者に実感させながら学びを深めていくことにつながっていくのだ。また，欧米の生徒と接していて驚かされるのは，簡単だと思えることでも，自分で納得できない限り，何でも質問してくることだ。それに反して，日本の生徒は本に書かれていることや先生の言ったことをそのまま頭にインプットしようとする傾向がある。先に触れた日本の学生が大学以降のパフォーマンスで欧米の学生に逆転されてしまう現象の一因はこの違いにあるように思う。初中教育までの段階で，まず自分の頭で反芻するという習慣,すなわち，"それはなぜだろう""こうしたら，どう違ってくるだろう"と疑問や好奇心をもって主体的に思考しながら学ぶ習慣をしっかり身に

つけさせることが大切である。そのためには，小・中・高等学校の段階で，無理矢理たくさんの知識を詰め込もうとするのは禁物で，ひとつずつ反芻し，疑問がないか自問し，疑問があればそれについて考え解決したうえで納得する時間が必要になる。授業を聞いていて疑問や質問が湧いてくるのは，授業の内容について主体的にかかわろうとしているがゆえの自然な反応である。明治以来，日本の教室では，授業中の質問や疑問の提示は，ともすると授業の妨げになるものとして排除されてきたのではないだろうか？　そもそもそのこと自体が生徒の思考の芽をつんでしまう行為に思える。疑問や質問は，話題にされている事柄を違う角度から考えさせる好機であり，議論や思考・理解を深めてくれるものだ。話をしていて優秀だと感じる人は，"何でも知っている人"というよりも，むしろ"知らないことについて的確に質問して理解していく人"だ。児童，生徒の思考力を育んでいくために初めにやらなければいけないことは，"疑問を持つことや，それを他人に問いかけることを子どもたちに奨励すること"であり，その次にやるべきことは，"疑問を問われた大人は，その子の視点に立って（すなわちレベルに合わせて），一緒に考えること"である。そういう環境を大人たちが整えていくことが生徒たちの思考力を育てていくためには肝心だと思う。しかし，ただ漫然と児童・生徒達の疑問を待っているだけでは，思考力を広く大きく伸ばしていくことにはつながらない。そのためには，好奇心が刺激される環境に彼らがいなければならない。

3　生徒達が生涯忘れなかった賢治先生の授業

「勉強に好奇心を抱くのは，勉強が得意なごく一部の人間だけだ」と思っている人もいるかもしれないが，そんなことはないと思う。人間は本来様々な事柄に関心を抱く好奇心旺盛な動物であり，勉強が得意な人間でなくとも，工夫次第では学業も楽しく学べる対象になり得る。この

ことを実践した教師の一人が，かの宮沢賢治だ。

　宮沢賢治の生誕百周年にあたる年に，様々なメディアが賢治の作品，彼の人柄を紹介した。それらの中で，私が特に驚き印象に残ったことは，賢治が24歳の時から5年間，花巻農学校の教壇に立っていたときの賢治の教師としての仕事ぶりであった[1]。すでに70歳を過ぎた当時の賢治の教え子たちの証言が紹介されている：

　「他の先生も一生懸命教えてくださったと思いますが，教科書を丁寧に読んだり，板書をノートに写させられただけだったので，そういう授業で習ったことはすぐに忘れてしまいました。そういう授業は，勉強するときだけやけに忙しいのですが，卒業するとすっかり忘れて何の役にも立たない抜け殻の学問だったのですね。でも，賢治先生が授業で教えてくれたことは，60年近くたった今でもハッキリ覚えています」。

　そして，当時賢治先生が授業で何をどのように教えたのかを再現して見せるのである。当時の花巻農学校は，乙種の2年制の農学校で，同地区には盛岡と水沢に甲種の3年制の農学校が，さらにその上には県立の中学や師範学校もあった。すなわち，賢治先生のいた学校は，どちらかというと勉強することにあまり関心のない生徒の方が多い学校だったそうだ。そのような生徒達を学びに魅きつけ，彼らに"60年近くたってもハッキリ覚えている"といわしめた賢治の授業がどのようなものであったのか，ひとつだけ例を挙げよう：

賢治の行った授業風景の例

　"農作物の肥料として，窒素が重要"という事実を教える際に，賢治は次のように教えたという。

　「皆さん，神社などでよく見かけるしめ縄が何を意味しているのかを知っていますか？　太いしめ縄の本体は雲，細く下がっている藁は雨，ギザギザの紙は稲妻を表しているのです。なぜ，しめ縄が神社に奉納されているのかというと，それは豊かな実りを祈るためです。なぜなら，

31

雨と雲と雷は豊作のための不可欠な要素だからです。今日はその理由について皆で考えてみましょう。雲が雨を降らせ，雷は空気中の窒素を分解し，雨がその窒素を地中に溶かし込む。窒素は作物の重要な栄養分です。だから，雲と雷と雨は豊作のために不可欠なのです。それでは，今からこのことを自分自身の目で確かめるために，雷のよく落ちる名所である変電所に皆で行きましょう」。こう言うと，賢治は変電所に実際に生徒達を連れて行き，「変電所のまわりの田んぼには，今まで一度も肥料をやったことがないそうです。にもかかわらず，ここの稲はこのように穂もたわわに実り，肥料をやっている他の田んぼの稲よりずっとたくさん収穫量があるのです。この事実は先ほど私がいったことの裏付けになっています。さぁ，みなさん，窒素の重要性が分かりましたか」。

　こうして，賢治は自分の話が確かであることを，生徒たちの目で確認させたのである。

　賢治先生は“しめ縄”という身近な物に着目させることから始め，自然現象のカラクリを理路整然と解き明かし，それを自分自身の目で確かめさせ，教科書に“窒素は肥料の重大な要素のひとつ”とだけ書かれている事実を，生徒の頭の髄から納得させることに成功したのだ。

4　好奇心を抱かせ，学ぶ楽しさを体感させる授業が思考力を育てる

　生徒達がなぜ賢治の授業に関心を抱き，教わった内容を生涯忘れず，活用できたのか，その主たる理由は賢治の授業はまさに生徒に学ぶ楽しさを身体一杯体感させる授業だったからだ。賢治の授業は身の周りの不思議・疑問を提示し，生徒に「なぜだろう」と思わせ，生徒の好奇心を引き出すことから始まる。そして，あたかも推理小説を読んでいるかの如き流れで科学的推論を展開し，教えたいと思う重要事項を提示する。そのうえで，身の回りの実例で生徒自身に検証させる。このようにして

授業にストーリー性を持たせ，生徒に「ウーン，なるほど」と膝を叩いて納得させる教授法をとっていたのだ。

　生徒達は教わったひとつひとつの事柄を忘れていないし，生活の中で役立ったと言っていたが，それは直接教わった事柄だけに留まっていないように私には思える。賢治先生の授業を通して，"身の回りには沢山不思議なことや面白いことがある"ことを生徒達は実感するようになり，その後の人生の中で，「あれ？」と思う気づきが増えたのではないだろうか。そして，「賢治先生だったらどう考えるかなぁ，どう感じるかなぁ」などと思いながら，自分で考え，人に話したり問うたりしながら，日々考えを深める生き方にも繋がっていったのではないかと推察される。

　課題・探究学習に力を入れている学校の先生方から，「一番難しく感じているのは，生徒自身が問題を見つけることのできる力を養うことです」と言われることが少なくない。その解決策は，身の回りや社会の中には面白いこと，不思議なこと，大きな課題になっているが解決できていないことが沢山あるという様々な事柄に触れさせていくことが，唯一の方策のように私は考えている。

　知識をどんどんインプットする教育（知識注入型教育）でなく，賢治先生の実践したような子どもの頭も感性も耕すような教育が小・中・高等学校の生徒たちに必要であると私は考える。

5　考え方の基本

　生徒達に「もっと考えなさい」と促しても，幼い頃から考えた経験があまりないので，そこから先に何も進まないことが多い。そもそも，自分の体験を振り返っても，学校であれ，習い事の場であれ，日本の子ども達が学びの場で習っていることは総じて，"やり方を教えられること"であって，"どう考えるのか"，"どう判断するのか"という考える力を育まれてはいないように感じる。学習機関よりむしろ，職人さんの現場

で，"師匠や先輩のやっていること（実践）を見て学びなさい（見て盗みなさい）"という方が，一見，突き放した教育のようでいて却って自分で思考できるように育てているようにさえ思える。

　生徒が独り立ちして自分で考えられるようになるところまでは，児童，生徒たちと一緒に先生や大人が考え，出くわした疑問や問題に対してどのように思考を進めていったらよいのかを体得させることが不可欠であろう。すなわち，指導者は思考の方法を具体的に手引きすることができなくてはならないのだ。算数・数学に関して，考える習慣のついている達人が問題分析を行う際に羅針盤としている主たる方策は以下のようなものだ[2]：

問題分析の基本

1. 対象を分類したり整理する。そうすることによって，考察すべきポイントが浮かび上がってきたり，見えないものが見えてくることがある。
2. 分析しようとしている課題が困難で大きいとき，考えやすい事例（着手しやすい場合）から着手し，一般的に成り立つ特徴がつかめないかを探る。
3. 必要条件で的を絞り込めないかを探る。
4. 似たような事例を比較してみる。そうすることによって，特徴や違いを生じさせる原因が何なのかを見いだせることがある。
5. 対象やデータを時間等の変化量に関して並べてみて，変化の様子や特徴を探ってみる。
6. 同一の基軸で並べた様々なデータを比較してみる。そうすることによって，関連なさそうに思えたファクターどうしの関係を炙り出せることがある。
7. 他の人と議論したり，ディベートして意見を交わしてみる。そうすることにより，自分が考えていた角度とは違う角度から対象を眺めることができて，考えを深化させることができることがある。

8. 結論を否定したら，どんなことが起こるのかを考えてみる。

9. 状況を図示したり，模型をつくり，視覚化して考えてみる。見落していた状況を把握できることがある。

10. 自分の意見を人に簡潔に伝えるためにはどうしたら良いかを工夫する。それによって，自分の考えを再考し，深化させられることがある。

11. 聞いたこと，見たこと，読んだこと等を鵜呑みにせず，一旦，否定して考えてみる。それによって，事の本質に近づけることがある。

12. 会話，授業等における疑問点は必ず質問する。それによって，考察が深まる。

　算数・数学の問題に対して，単にその解法を紹介する指導ではなく，上記の羅針盤を手掛かりに，生徒たちと一緒に試行錯誤しながら解決に導いていく思考のプロセスを共有する指導が，思考力を育てる教育を実践していくうえで，とても大切だと考える。

6　思考力を育む教育を実践していくための課題と提言

　"定理や公式，問題の解法パターンを暗記し，知識の量や問題を解法パターンに従って処理する時間の短さや正確さで学力を評価していた教育"から，"生徒自身が様々な疑問を抱き，有意義な問題や課題を見つけ，試行錯誤しながら主体的に問題を解決していく思考力を育むことを重視する教育"へと，教育の質の大転換が始められつつある。

　「The cistern contains; the fountain overflows（水槽は水をたたえ，泉は水を湧き出す）」[3] というウィリアム・ブレークの有名な詩の一節がある。この詩を私は次のように勝手（？）に解釈している。

　学問は日夜進歩し，世の中もめまぐるしく変わっていく現代において，生徒達に教えなければならない知識がいっぱいあるのも確かだ。だが，子ども達の頭を水槽とみなし，知識という水をただ注ぎ込むだけでは，

それらの知識は時間の経過とともに蒸発してしまう。一方，たとえ注ぎ込む知識の量は少なくとも生徒達の思考力を鍛える（頭を耕す）ことに力を注げば，生徒の頭は必要に応じて考え，問題解決に向けてのアイディアを湧き出す泉と化すのである。このとき，"知識"は初めて日常生活に役立つ"知恵"に昇華するのである。

　教育に携わる人間に求められていることは，"生徒達に教科は学びがいのあるものだということを実感させる授業"を展開していくことであり，"知識注入型教育"から"頭を耕す授業"へ変えていくことである。

　従来の知識注入型の（数学）教育から思考力を育む（数学）教育に変えていくうえで直近の課題となることは以下の点であろう：

7　今後の課題

1. 思考力を育てる教育を実践するためには，上述のように手間暇が掛かるので，どのようにしてカリキュラムをこなすのかについて十分な対策が必要になる。
2. 思考力を主眼とした教育方法は，長年日本で実践されてきた教育とはかなり異なる。また，先生の多くが従来の教育を受けてきたので新しい教育法を習得しない限り実践が難しい。
3. 従来の評価は知識の量や技能の習得度をテストで測定できた。一方，不思議を感じる感性，思考力や課題発見能力等の評価は難しいので，適切な評価法の確立が望まれる。また，連動して入試の在り方も大いに議論されなければいけない。

　地球や人類には今，想定外の出来事が次々に勃発し，少し大袈裟に言えば，存続の危機に晒されている。人類が安全・安心できる持続可能な社会を築くために，未来を担う若者たちが思慮深く物事を考え，行動することができる人間に育てることが大切である。

変り行く時代の流れを見据えて，私たちは教育の方向を舵取りしてい
かなければならない。

注

1)　畑山博著『教師宮沢賢治のしごと』小学館，1988 年。

2)　秋山仁著『発見的教授法による数学シリーズ』全 7 巻，森北出版。

3)　William Blake. The marriage of Heaven and Hell. Proverbs of Hell, Line
　　35, 1790-1793.

第3章

思考力と知識の質 —— 認知心理学の立場から

奈須正裕

1　思考力の実体は知識の状態である

　2017年版学習指導要領では「知識及び技能」「思考力，判断力，表現力等」「学びに向かう力，人間性等」という資質・能力の三つの柱が，同列の学力側面として位置付けられた。我が国の教育を巡って，「知識及び技能」に偏重しがちであるとの指摘なり懸念には根強いものがあり，その意味でも2017年改訂は画期的と言えよう。

　その一方で，「思考力，判断力，表現力等」の育成は領域固有な「知識及び技能」とどのような関係にあるのか。より実践的には，個々の授業で教えている「知識及び技能」とは別途に育成すべきなのか，そのようなやり方で育成し得るのかが大きな問題となってこよう。

　この問いに対し心理学者たちは，たとえば思考力が領域固有な個別的知識とは別ものとして一般的・実体的に存在するとは考えていない。むしろ思考力とは，膨大な数の領域固有知識が，さまざまな状況や文脈と意味的・機能的に結び付き，必要に応じて自在に繰り出されるよう，高度に組織化され構造化された（精緻化：elaboration と呼ぶ）状態を指すと考えてきた。場面や状況や問題に応じて適切な知識が個性的・創造的に繰り出され，その結果として優れた問題解決が成し遂げられるのを見る時，人はその子どもが高度な思考力を有すると感じるが，現実に子どもの中に存在し，機能しているのは個々の知識だというわけである。

　もちろん，領域固有知識を教えさえすれば，思考力（と見える働きな

り状態）が育つわけではない。知識の状態こそが思考力の実相だという
からには，子どもの中に形成される知識の質が決定的に重要なのであり，
それを実現するような教え方をする必要がある。以下では，このような
議論をもたらした研究のいくつかを紹介すると共に，そこで指摘された
知識の質をもたらす教育方法のあり方について考えてみたい。

2　GPS の挫折と領域固有知識

「思考力，判断力，表現力等」について，汎用的認知スキルと呼ぶこ
とがある。これは，場面や状況に依存することなく，どんな時にも有効
な思考や判断の仕方といったものが一般的・実体的に存在し，さまざま
な問題解決に対し効果的であるという考え方を基盤にしている。

1950 年代，人工知能研究や認知心理学など，人間の知的振る舞いを
情報処理の枠組みで検討する研究が盛んになる中で，汎用的認知スキル
の存在を問う研究が行われた。たとえば，初期の人工知能であるジェネ
ラル・プロブレム・ソルバー（General Problem Solver：GPS）というコ
ンピュータ・プログラムは，丘登り方略や手段－目標分析といった汎用
的な問題解決方略を基盤としていたが，それにより，代数，幾何，チェ
スなど，さまざまな領域の問題を次々と解決することに成功した。

丘登り方略とは，丘の頂上を目標に見立て，とにかく上へ上へと，つ
まり少しでも目標に接近するよう進み続け，もはや上に進むことができ
なくなったら立ち止まり，目標に到達したと判断する方略である。

また，手段－目標分析とは，目標の実現に必要な手段的活動を探索し，
さらにその手段的活動を目標と見た場合に必要な手段的活動を探索する
という作業を，目標状態と現状のずれがなくなるまで繰り返すことによ
り，目標へと至る筋道を見出すという方略である。

これらはいずれもアルゴリズム的方略であると同時に，その適用に際
して特定の領域固有知識を必要としない。その意味で，典型的な汎用的

認知スキルである。GPS が明らかにした，汎用的認知スキルがさまざまな領域の問題解決に有効であったという事実は，思考力が領域固有知識とは独立した一般的・実体的学力であるという見方を強力に支持する。

しかし，GPS のような試みは研究領域の拡大に伴いたちまち挫折した。GPS はパズルや定理の証明のような純粋な形式論理操作では好調だったが，物理学や医療診断のような多くの事実的知識に問題解決が左右される領域では，すぐに行き詰まった。理由は明白で，そこでは領域固有知識を状況に応じて適切に活用することが必要であり，効果的でもある。そして，実社会・実生活における問題場面としては，パズルや定理の証明のようなケースの方が数的にも少なく，むしろ特殊である。

このように，熟達者の多くは汎用的認知スキルではなく，領域固有知識を存分に活用した対象特殊的な方略により，質の高い問題解決を実現している。かくして，1970 年代半ばまでには，心理学者は汎用的認知スキルの意義を部分的には認めつつも，質の高い領域固有知識とその効果的活用こそが知的振る舞いの中核をなすと考えるようになった。

3　知識の活性化

GPS の挫折は問題解決における領域固有知識の優位性を印象づけたが，もちろん知識の単なる所有は質の高い問題解決の十分条件ではない。問題解決を成し遂げるには，その知識が有用な時には迅速且つ確実に呼び出されることが不可欠である。これは知識の活性化の問題であり，記憶内に貯蔵されているにも関わらず「生きて働かない」知識を，心理学では「不活性な知識（inert knowledge）」と言う。

不活性な知識と活性化された知識では，その質に違いがある。不活性な知識は，言語的な命題や事実として貯蔵されていることが多い。たとえば「車両走行中にアクセルペダルから足を離したり，低いギアにチェンジすることによって生じる制動作用をエンジンブレーキと言う」とい

った具合である。伝統的な学校のテストでは「アクセルペダル」や「制動作用」のところを空欄にし，穴埋め問題や多肢選択問題としてきた。しかし，それができることがどのような意味で「学力」なのか。

　一方，活性化された知識では条件（IF）節と行為（THEN）節が対を成しており，行為節の知識がどのような場合に活用可能かは条件節の中に明示されている。たとえば「もし，急な下り坂や雪道ならば」（条件節），「車両走行中にアクセルペダルから足を離したり，低いギアにチェンジすることによって生じる制動作用（＝エンジンブレーキ）を使って走行しなさい」（行為節）といった具合である。

　自動車学校ならば，エンジンブレーキを言葉として知っている，概念定義を説明できるだけで終わることはあり得ない。エンジンブレーキをどのような場面で，なぜ用いるか，条件節についても併せてしっかりと指導し，さまざまな状況で実地に経験を積ませるのが普通であろう。

　一方，学校は行為節の指導にばかり意識を集中し，条件節の指導を軽視してきた。その結果，子どもが所有する知識の多くは不活性な状態に留まっている。条件節の欠如は，知識が「生きて働かない」，つまり知識が思考力にまで届かない，およそ最大の原因である。

4　問題志向的な学習

　知識の活性化は，どのように学んだかに依存する。ブランスフォードらはこのように考え，食物の栄養学的価値，液体の標準密度としての水の利用，青銅器時代のオイルランプの作り方など，理科的な事実が書かれた読み物を準備した[1]。そして，「できるだけ多く覚えるよう」教示した「事実志向的（fact-oriented）」な学習群と，「アマゾン川を下る旅支度をしているつもりで読むよう」教示した「問題志向的（problem-oriented）」な学習群に読ませて比較した。

　文章を読んだ後，子どもたちは南西砂漠への旅行に際し考慮すべき

10 の問題を挙げ，具体的に述べるよう求められた。事実志向的な学習をした子たちは今読んだばかりの文章にはほとんど言及せず，「十分な食べ物と水を持って行く」といった曖昧な答えに終始した。一方，問題志向的な学習をした子たちは文章の情報を自発的・創造的に活用し，持っていく食べ物の種類，水の重さへの配慮，砂漠でのガソリンの利用可能性などについて明快に語った。

　問題志向的な学習が効果的なのは，後に出会う問題場面と類似した文脈で学ぶからである。いわゆるオーセンティックな学習も，学びの素材や文脈を実社会・実生活に存在する本物の実践に近づけることを原理としており，問題思考的な学習と軌を一にしている。

　このような工夫により，知識はそれが活用可能な条件とセットで獲得される。さらに多様な文脈へと学習が拡げられるならば，それらと豊かに結び付くことで広範囲にわたって活性化しやすい知識へと成長し，子どもたちの問題解決を強力に支えるだろう。

5　「見方・考え方」に沿った精緻化

　領域固有知識と思考力を巡って，もう一つ注目すべき事実がある。それは，熟達者の知識はその量の多さに加えて，知識相互の精緻化が進んでおり，これが問題解決の質的向上に寄与していることである。

　心理学者のチーらは，物理学の熟達者（物理の博士号取得者）と初心者（学部学生）が斜面を物体が滑り降りる力学問題を解くのに用いる知識は，量的には大きな違いはないものの，知識相互の結び付き方，つまり精緻化の質に決定的な違いがあり（図 3-1，図 3-2），それが実際の思考にも影響していることを突き止めた[2]。

図3-1 熟達者のスキーマ（知識構造）

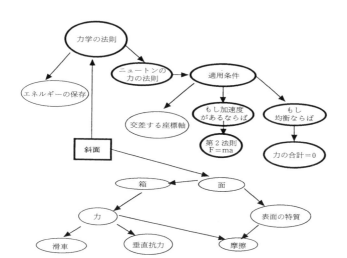

図3-2 初心者のスキーマ（知識構造）

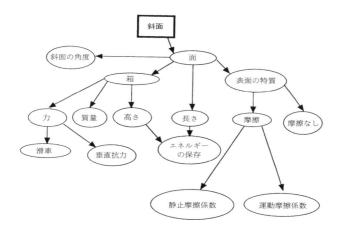

　初心者はまず，斜面の角度，長さ，ざらつきといった表層的な特徴を連想し，最後にようやくニュートンの法則やエネルギー保存へと意識を向かわせる。一方，熟達者はいきなりニュートンの法則やエネルギー保

存など斜面問題にかかわる物理法則を想起し，次に法則の適用条件に思いを巡らせ，最後に斜面の表層的な特徴へと意識を向けていた。また，初心者は斜面問題とバネの問題を別種の問題と見なしたが，熟達者は解決に用いる原理や法則を根拠に同一カテゴリーに属すると判断した。

　熟達者は物理学の学問構造に近似した質の知識を所有しており，そのことが，世界を単なる物質の集まりではなく，物理法則によって支配されているシステムと見なすよう促していた。そして，日常生活で出会う事物や現象ですら，必要であれば，その表層的な特徴に惑わされることなく，深層に潜む法則や原理の角度から眺め，処理できるのである。

　このように，教科を学ぶとは知識の量が増えるだけでなく，知識の精緻化のありようが，その教科が持つ独自な構造，2017 年版学習指導要領で言う「各教科等の特質に応じた『見方・考え方』」に沿った方向へと組み変わり，洗練されていくことである。そしてその結果，子どもたちは世界をこれまでとはまったく違った風に眺め，対象に対してより適切で効果的な仕方で関わったり，取り扱ったりできるようになっていく。

6　明示的な指導

　では，具体的にどのようにすれば「見方・考え方」に沿った形で知識相互の間に意味ある結び付きを生み出し，精緻化された知識へとその質を高めていくことができるのか。

　一つの方法は，理科における粒子やエネルギー，社会科における公正，人権，民主主義のような，その教科の主要な概念（鍵概念，大きな観念，根本原理などとも呼ばれる）を拠り所に，さまざまな教材や単元，さらに複数の学年や学校段階で出会う膨大な学習経験を俯瞰的に整理・比較・統合し，その一段抽象化された意味を，それとはっきりわかるよう繰り返し明示的に指導することである。これにより，子どもたちは表面的には別物に見える複数の事物・現象や領域的に別の区分に位置付く事柄を，

同じ原理の異なる現れとして統合的に理解するようになる[3]。

　たとえば，教師が粒子という主要な概念を意識していれば，小学校4年生理科の空気の圧縮の実験の際に子どもが書いたモデル図に対して「みなさんが書いた図を見て，先生気がついたんだけど，空気を押し縮めた時に粒の数が減っている人と，変わらない人がいる。どこからこの違いが生まれてきたのかなあ」といった問いかけができる。

　この問いを巡って議論する中で，子どもたちは空気の出入りがない以上，体積が変化しても粒の数は変わってはいけないと気づく。そして，質量保存に関する初歩的な概念や，物質の状態とその変化に対する着眼へと学びを深めていく。さらに，こういった授業を単元や学年を越えて何度も繰り返すことで，子どもたちは次第に粒子という主要な概念を，理科における汎用的な思考の足場や道具として身に付け，さまざまな現象の説明や予測に自発的に活用するようになっていくであろう。

7　総合学習における知識の位置づけ

　これまで，教科を通しての思考力育成について考えてきた。資質・能力の育成は，領域固有知識の相対的軽視をもたらしはしない。むしろ，思考力の育成で重要なのは，個々の知識の質の抜本的改善と，その教科の「見方・考え方」に沿った知識相互の精緻化であった。

　しかし，私たちの教育課程には，教科とは一線を画する学びの領域がある。総合的な学習（探究）の時間（以下，総合学習と略記）である。

　総合学習にはさまざまな特徴があるが，とりわけ教科との対比で見た場合，領域固有知識の習得を目的とはしないという点を，際立った特徴として指摘できよう。実際，文部科学省の文書でも「総合的な学習の時間では，この時間で取り上げられる個々の学習対象について何らかの知識を身に付けることや，課題を解決することそのものに主たる目的があるのではない」[4]と明記されてきた。

興味深いのは，我が国でも大正期以来，総合学習は常に思考力や問題解決力を育成する切り札として期待されてきたが，このことと，領域固有知識の習得を目的とはしないという先の特徴の間に，強い連関なり必然性があるとしばしば認識されてきたことであろう。

　教科は領域固有知識の習得を目指すがゆえに，思考力や問題解決力の育成に徹することができない部分がどうしても出てしまう。対して，領域固有知識の習得を目指さない総合学習は，思考力や問題解決力の育成に集中し，これを高度な水準で実現することができる。このような図式的な理解が，多くの人々の心の中にあったように思う。

　しかし，それは真実だろうか。折しも，2017年版学習指導要領では，総合学習も他の教科等と同様，資質・能力の三つの柱でその学力論を表現することになった。つまり，今後は総合学習でも，知識の習得が視野に入ってくる。このことは，総合学習における思考力の育成にどのような影響を与えるのか。教科学習で見たような，知識の質の向上が思考力の育成に資するようなことが，総合学習でも起こり得るのだろうか。

8　問題の解決とは何か

　一つの事例で考えよう。

　「地域の自然環境とそこに起きている環境問題」を探究課題とする単元で，中学3年生の子どもたちが川と河原の遊歩道の清掃に取り組んだ。しかし，一週間もすれば元の木阿弥となる状況に落胆し，目の前でゴミを捨てていく大人たちに不満を募らせていく。そんな時，同じくボランティアで清掃活動を続けている地域の人たちに出会う。

　子どもたちが「いくら頑張っても問題が解決しない」と訴えても，おばさんたちは笑顔で「いいの，自分たちがやりたくてやっているんだから」「やめちゃうと，もっと汚くなるしね」と平然としている。

　そして，「それでもこうやって続けているうちに，段々仲間も増えて

きたよ」と言うので，「どのくらい続けているの」と尋ねると，「早いもので，15年になるかね」とあっけらかんと答えてくれた。

　子どもたちは，自分が生まれてから今日までと同じだけの時間，この景色が延々と繰り返されてきた事実を知り，愕然とする。そして，環境問題に取り組むとはどういうことか，その解決とはどのような状態を指すのか，それまでわかっていると思い込んでいたこと，取り組みの土台となっていたはずのことがわからなくなり，改めて深く問い始めた。

　膨大な調査や議論の末に子どもたちがたどりついた結論は，人間がいなくなれば，少なくとも旺盛な経済活動を行わなければ，自然環境は保全されるというショッキングなものであった。しかし，経済活動を止めるわけにはいかない。それでは，豊かな生活が奪われる。

　ここでまた，新たな問いが立ち上がる。豊かな自然なくして豊かな生活などあり得るのか。一切の答えが得られないままに，一層混迷し，深まっていく問い。そんな問いとの懸命な格闘の中で，「環境負荷」や「持続可能な開発」といった本で学んだ知識や教科で教わった概念が，自分ごとの切実さや身体的な痛みさえ伴い，当初学んだ時とはまったく異なる色彩感と佇まいで，子どもたちの眼前に不意に立ち現れてくる。

　総合学習では，探究課題の「解決」を目指して活動する。しかし，実社会・実生活の問題を巡っては，すべての困難や矛盾が解消されることは極めてまれである。長い議論の末，子どもたちが環境問題の「解決」の要件として挙げたのは，①とりあえず不都合のない程度に収めること，②今より悪くはならない状態を維持すること，そして，③影響の及び方に明らかな不平等がないということであった。

　また，人々の意識や社会の変革は一朝一夕には成し遂げられない。しかし，誰かが始め，また続けていかなければ何も起こらないのも事実である。そして，見ている人は必ずいるのであり，真摯な営みは徐々にではあるが，着実にその波紋を拡げていく。探究を通して子どもたちが気づいたのは，実にそのようなことであった。

さらに，さまざまな対象や領域に対して同様の探究を繰り返す中で，子どもたちは自身のうちに，次第に領域や対象を超えた汎用性のある概念を形成するようになっていく。たとえば，先の子どもたちが卒業時に語っていたのは，次のようなことであった。

①　世の中に「普通」や「あたりまえ」など存在しない。

②　「普通」や「あたりまえ」が，差別や不寛容の源泉である。

③　思いもしなかった事実や意見の出現は，まだ見ぬ素晴らしい世界との出会いであり，自己更新の好機である。

④　自分とは異なる他者こそが，自分を成長させてくれる。

⑤　自分が立っている立場や視点を常に意識することで，より客観的で公正な思考や判断が可能となる。

　これらは，極めて汎用性の高い概念的知識であり，さまざまな対象や領域について思考を深め，責任ある判断を下していく際のたしかな拠り所となる態度や価値でもある。しかし，だからといってこれらをいきなり脱文脈的に子どもたちに教えようとしても，うまくはいかない。

　子どもたちはさまざまに異なる領域において，繰り返し対象特殊的な問題解決に挑み，その都度，それぞれに固有な文脈ならではの貴重な経験を得てきた。そこには，一期一会の出来事であるがゆえの，本当に特殊的なものもあるが，同時に，表面的にはすっかり異なって見える事柄の間に，思いがけず共通する要素や構造を見出すこともまた，少なくない。そういった気付きの先に，上記のような汎用的な概念的知識なり態度・価値は形成されていくのである。

9　探究を通しての知識の更新

　探究課題に関わって，子どもたちは何らの知識も所有していないわけではない。いや，むしろ本質的ではない，時には大いに不適切な予断や先入観を，しかも無自覚・無批判に抱いていることが多い。ここでいう

　予断や先入観の多くは，心理学で言うインフォーマルな知識や素朴概念の一種であり，学校で正式に教わるフォーマルな知識とは異なるが，知識であることに変わりはない。そして，厄介なことに，むしろ子どもたちの行動や感情を，フォーマルな知識以上に強く規定してもいる。

　総合学習では，子どもたち自身が探究課題の解決を目指した活動を通して，まず，自身が無自覚のうちに抱いている予断や先入観を自覚することが重要である。次に，わかっていたと思い込んでいたことがわからなくなる状態を経験し，真に問うべき問いをしっかりと定立する段階へと進みたい。そして，真摯な自己省察を行いながら定立した問いと正対し，ゆっくりと，しかし着実に，より妥当性の高い本質的な知識状態へと，自力での更新を進めていくことが望まれる。

　この更新が適切に成し遂げられるよう，教師は単元を精密に組み立て，その時々の子どもの姿に即して学びを支援する。そのためにはまず，探究課題を巡って子どもたちがどのような予断や先入観を持っているかを知る必要がある。いわば「子どもの研究」であり，日常の丁寧な会話や問いかけを通じて，自然なかたちで探り出すことができるだろう。

　次に，探究課題を巡って，目指すべき本質的で統合的な知識状態とはどのようなものかを知る必要がある。教科で言う「内容研究」に当たるものであり，教科と同様に，仲間とともに文献的な研究やフィールドでの調査を通して深めていきたい。現状では，ここが弱いがゆえに学びに深まりの出ないことが圧倒的に多い。探究課題ごとにこのような作業を丁寧に進めることにより，具体的な資質・能力として育成すべき「知識及び技能」の詳細は明らかとなってくる

　こうして，子どもの現状と目指すべき状態が明らかとなってくれば，どのような単元を開発すべきかも見えてくる。まず，どのような体験や事実との出会いが，子どもたちの予断や先入観を揺さぶり，探究への意欲をかきたてる切実な問いを生み出すかを考えたい。そして次に，目指すべき知識の質をもたらす修正・洗練・統合は，どのような探究過程を

たどることで効果的に実現できそうかを構想する。最後に，単元の各段階，探究の各場面において，子どもだけでは超えられないハードルがどこにあり，どのような教師の支援が必要かを予測していくのである。

先の問いに戻るならば，総合学習でも教科と同様に，知識の質の向上は思考力（と見える働きなり状態）の育成に寄与する。2017 年版学習指導要領は，思考力をはじめとする高次な認知的スキル，そして教科等横断的な資質・能力の育成を目指すが，だからこそ教科はもとより総合学習においても，知識の質が決定的に重要になってくるのである。

注

1）　ジョン T. ブルーアー著，松田文子・森敏昭監訳『授業が変わる：認知心理学と教育実践が手を結ぶとき』北大路書房，1997 年，92 頁。
2）　Chi,M.T.H., Glaser,R., and Rees,E., Expertise in problem solving. In R.Sternberg, ed., Advances in the Psychology of Human Intelligence, volume1. Erlbaum, 1982.
3）　奈須正裕『「資質・能力」と学びのメカニズム』東洋館出版社，2017 年。
4）　文部科学省『平成 20 年版中学校学習指導要領解説　総合的な学習の時間編』教育出版，2008 年，67 頁。

第4章

2017年版学習指導要領の学力論と思考力

大杉住子

　2017年に実施された学習指導要領の改訂（以下「2017年改訂」という。）では，全ての学校種や教科等の目標や内容を，①知識及び技能，②思考力，判断力，表現力等，③学びに向かう力，人間性，からなる「資質・能力の三つの柱」で整理し，学校教育全体及び各教科等の指導を通じて，子どもの発達の段階や特性等を踏まえつつ，この三つが偏りなく実現できるようにするものとされた。この章では，この「資質・能力の三つの柱」に基づく教育課程の枠組みの整理に至る背景や関連する議論等に触れることとする。

1　2017年改訂の背景となった考え方

⑴　子供の視点に立った，「学びの地図」としての学習指導要領

　学習指導要領は，学校教育法の規定に基づき，学校の教育課程を編成するにあたっての基準を示したものであることから，学校や教員の視点に立って何を教えるのかを中心に組み立てられてきた。そうした性格の基準でありつつも同時に，子供一人一人に「生きる力」を育むという，子供が何を身につけるかという視点からの改善が重ねられてきたところである。

　2008年に実施された学習指導要領の改訂（以下「2008年改訂」という。）で導入された言語活動は，思考力等の基礎となる言語の能力を子供一人一人が身につけることができるよう，各教科等を貫く改善の視点として導入されたものである。この改善は，各教科等の縦割りを越え，

教育課程全体として子供にどのような力を育成するかを意識した教育課程編成が進められる大きなきっかけとなった。

2017年改訂に向けた中央教育審議会の議論では，この言語活動に関して「思考力・判断力・表現力等の育成に大きな効果を上げてきた」[1] と評価している。一方，課題として「教育課程全体としてはなお，各教科等において『教員が何を教えるか』という観点を中心に組み立てられており，それぞれ教えるべき内容に関する記述を中心に，教科等の枠組みごとに知識や技能の内容に沿って順序立てて整理したものとなっている。そのため，一つ一つの学びが何のためか，どのような力を育むものかは明確ではない」，「教育課程において，各教科等において何を教えるかという内容は重要ではあるが，(中略) これまで以上に，その内容を学ぶことを通じて『何ができるようになるか』を意識した指導が求められている」[2] と指摘している。

2017年改訂で目指す方向性として示されたのは，「子供たちの多様で質の高い学びを引き出すため，学校教育を通じて子供たちが身に付けるべき資質・能力や学ぶべき内容などの全体像を分かりやすく見渡せる『学びの地図』として，教科等や学校段階を越えて教育関係者間で共有したり，子供自身が学びの意義を自覚する手掛かりを見いだしたり，家庭や地域，社会の関係者が幅広く活用したりできるものとなること」[3] である。これからの教育課程や学習指導要領は，子供の学びの在り方を展望していくために活用できる「学びの地図」となるよう，学習する子供の視点に立ち，子供たちの具体的な学びの姿を考えながら構成される必要があるということが，2017年改訂を支える考え方となっている。

(2) 持続可能な社会の創り手の育成と，社会に開かれた教育課程

2008年改訂では，21世紀の社会は新しい知識・情報・技術が，社会のあらゆる領域での活動の基盤として飛躍的に重要性を増していく「知識基盤社会」となるとされた。この社会認識は，2017年改訂において

も受け継がれているが,「知識・情報・技術をめぐる変化の早さが加速度的となり,情報化やグローバル化といった社会的変化が,人間の予測を超えて進展するようになってきている」4) との認識が示された。

　変化が加速度を増し,複雑で予測困難となってきている社会の中で成長していく子供たちについては,「社会の変化にいかに対処していくかという受け身の観点に立つのであれば,難しい時代になると考えられるかもしれない。しかし,このような時代だからこそ,子供たちは,変化を前向きに受け止め,私たちの社会や人生,生活を,人間ならではの感性を働かせてより豊かなものにしたり,現在では思いもつかない新しい未来の姿を構想し実現したりしていくことができる」5) と示されている。社会の変化を予測しそれに対処するために必要な力を育もうとするのではなく,「直面する様々な変化を柔軟に受け止め,感性を豊かに働かせながら,どのような未来を創っていくのか,どのように社会や人生をよりよいものにしていくのかを考え,(中略)自らの可能性を発揮し,よりよい社会と幸福な人生の創り手となっていけるようにする」6) ことが目指されている。

　予測困難な変化の中で直面する課題を自分事として受け止め,よりよい未来を自分たちの手で創り出していこうという,課題解決的な社会との向き合い方を提示し,そのように生きるために必要な力を持った「持続可能な社会の創り手」を育もうというのが,2017 年改訂の考え方である。加えて,「よりよい学校教育を通じてよりよい社会を創る」という理念を学校と社会が共有し,社会との連携・協働によりその実現を図ろうという,「社会に開かれた教育課程」が重要な理念とされている。学校教育を受けた子供たちが,よりよい社会や人生に向けた変化を起こしていく存在になることを期待し,教育課程を手掛かりに子供の成長を社会全体で支えていこうという考え方に立っているのが,現行の学習指導要領である。

(3)　学習指導要領等の枠組みの見直しとカリキュラム・マネジメント

　持続可能な社会の創り手の育成を目指した「学びの地図」として,社

会に開かれた教育課程の実現をリードしていくため，2017年改訂では，
学習する子供の視点に立って，次の6点に沿って学習指導要領の枠組み
そのものを大きく見直すこととなった。

① 「何ができるようになるか」（育成を目指す資質・能力）
② 「何を学ぶか」（教科等を学ぶ意義と，教科等間・学校段階間の
つながりを踏まえた教育課程の編成）
③ 「どのように学ぶか」（各教科等の指導計画の作成と実施，学習・
指導の改善・充実）
④ 「子供一人一人の発達をどのように支援するか」（子供の発達を
踏まえた指導）
⑤ 「何が身に付いたか」（学習評価の充実）
⑥ 「実施するために何が必要か」（学習指導要領等の理念を実現す
るために必要な方策）

図4-1　2017年改訂の方向性（中央教育審議会答申「幼稚園，小学校，中学校，高等学
校及び特別支援学校の学習指導要領等の改善及び必要な方策等について」補足資料より）

これは，学習する子供の視点に立って，具体的な学びの姿を考えながら教育内容を構成していこうとする考え方である。こうした枠組みの見直しは同時に，各学校において，学習指導要領を踏まえつつ，上記①〜⑥に関わる事項を創意工夫して組み立て実施し，子供の姿を踏まえながら不断の見直しを図ることを求めるものであり，「カリキュラム・マネジメント」の確立が併せて図られることとなった。

2　資質・能力の三つの柱と思考力等

⑴　三つの柱による思考力等の整理

新しい学習指導要領の枠組みの中心となるのが，次に示す資質・能力の三つの柱であり，全ての教科等の目標や内容が，この三つの柱に基づき整理されることとなった。

「何を理解しているか，何ができるか（生きて働く『知識及び技能』の習得）」

図4-2　資質・能力の三つの柱（中央教育審議会答申「幼稚園，小学校，中学校，高等学校及び特別支援学校の学習指導要領等の改善及び必要な方策等について」補足資料より）

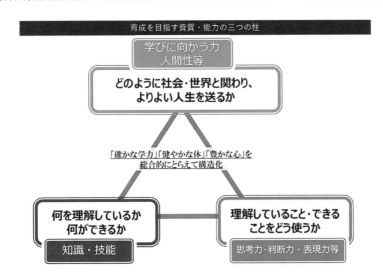

「理解していること・できることをどう使うか（未知の状況にも対応できる『思考力，判断力，表現力等』の育成）」

「どのように社会・世界と関わり，よりよい人生を送るか（学びを人生や社会に生かそうとする『学びに向かう力，人間性等』の涵養）」

2008年改訂では，「見えない学力」と言われてきた思考力等について，どのような学習活動が思考力等を育んでいるのかというアプローチから検討がなされ，言語活動が導入されたところである。2017年改訂では，言語活動の成果を基に，「主体的・対話的で深い学び」の視点に立った議論が進められたことにより，各教科等における学習過程や，その過程を通じて育まれる思考力等の整理が進み，各教科等の目標や内容として思考力等を示し共有していくことが可能となった。

(2) 学力の三要素との関係

資質・能力の三つの柱は，学校教育法第30条第2項に規定された，いわゆる学力の三要素を議論の出発点としながら，国内外の様々な議論の成果を反映し整理されたものである。大きな違いは，図4-2にもあるように，三つの柱は学力だけではなく，知・徳・体を総合的に捉えて教育課程に反映させる枠組みになっている点にある。

思考力等について比較すると，学校教育法第30条第2項では「これら（知識及び技能）を活用して課題を解決するために必要な」力と規定されているのに対して，2017年改訂では「未知の状況にも対応できる」力として整理されている。改訂に向けた議論の中では，将来の予測がますます困難となる中で，学校教育法上の「課題を解決する」という規定については，与えられた課題の解決だけではなく，課題を自ら見出すことも含めて捉えることが重要であるという点が強く意識されていた。また，各教科等の学習過程と思考力等との関係の整理が進む中で，思考力等が，課題解決の過程はもちろん，情報を基に考えを形成したり，思いを基に構想・想像したりする過程においても発揮されることが意識され

るようになった。こうした考え方が，未知の状況への対応という幅広い場面を想定した思考力等の捉え方に影響しているところである。

3　資質・能力の三つの柱の導入を支えた議論

(1)　2008年版学習指導要領における資質・能力の位置づけの再確認

　国立教育政策研究所が実施した「教育課程の編成に関する基礎的研究」では，2008年版学習指導要領における資質・能力の示し方の分析がなされた[7]。色分け表示による分類を通じて，学習指導要領の目標や内容等には，思考力等をはじめとする資質・能力の育成という観点や，学習内容と資質・能力をつなぐ学習過程が一定程度盛り込まれてきていることが可視化された。この分析は，2017年改訂に向け，資質・能力の考え方を全く新しく導入しようということではなく，これまでの改訂の積み重ねの先にある改善としてなされるという点を再確認するために大きく貢献した。

　一方で，その示し方には教科等による大きな違いがあることも分析を通じて確認された。資質・能力に関する共通の考え方を整理し，教科等や学校種の違いを越えて理解を図ることのできるような工夫が必要であるということも認識されるようになった。

(2)　資質・能力を踏まえた教育目標等の在り方に関する検討会

　文部科学省では，2017年改訂の諮問に先立ち，有識者による「育成すべき資質・能力を踏まえた教育目標・内容と評価の在り方に関する検討会」を設置し，2014年3月に論点整理を取りまとめた。この論点整理では，資質・能力をめぐる国内外の議論を整理した上で，資質・能力の視点からの学習指導要領の構造の見直しや，教科等の本質を明確化することなどが提言され，資質・能力を柱とした改訂の基盤を作る役割を担ったところである。

(3) 国際通用性を意識した政策対話

　学習指導要領の改訂においては，OECD 生徒の学習到達度調査（PISA）や国際数学・理科動向調査（TIMSS）といった国際調査において捉えようとする力の考え方も参考とされ，思考力等をはじめとする資質・能力に関する検討を後押ししてきた。同時に，こうした国際調査を実施する側の OECD 等においては，日本における学力観を注視しながら検討が行われてきているところである[8]。

　2017 年改訂の過程においては，改訂に向けた議論の国際通用性を確保するとともに，新しい教育課程の考え方を発信し国際的な議論に貢献するため，OECD との間で 2 度にわたり政策対話が実施された。こうした対話を通じ，日本が検討する資質・能力の三つの柱と，OECD が検討するカリキュラム・デザインのための概念について，認識を共有しながら検討が進められたところである。

図 4-3　OECD との政策対話資料（中央教育審議会答申「幼稚園，小学校，中学校，高等学校及び特別支援学校の学習指導要領等の改善及び必要な方策等について」補足資料より）

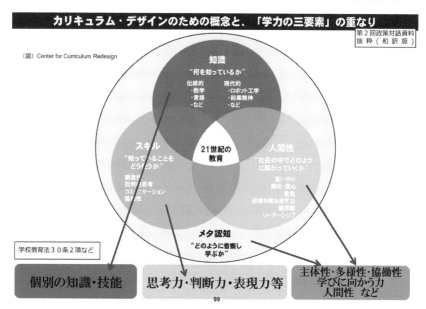

⑷　教育実践との往還

　2017 年改訂に向けた議論と並行して，独立行政法人教員研修センター（現在の独立行政法人教職員支援機構）に次世代型教育推進センターが設置された。このセンターには，全国各地から教員が集まり，資質・能力を育む授業実践の研究・蓄積とともに，研修プログラムの開発・実施等が，改訂に向けた議論と並行して進められ，学習指導要領の枠組みの見直しに向けた議論を実践面で支える役割を果たした。

4　教科等の特質と思考力等

　2017 年改訂では，各教科等の改訂方針の検討に先立ち，学校教育全体として目指す方向性がまず論点整理としてまとめられた。この論点整理の段階では，思考力等は主に問題発見・解決の過程で働く力として整理されたところである[9]。

　その後，各教科等のワーキンググループにおいてそれぞれの特質を掘り下げる議論がなされ，各教科の特質を踏まえた思考力等が示されるとともに，思考力等を育むために重視したい，各教科等ならではの学習過程が整理された。

　こうした検討を経て，思考等が働く過程については，大きく分類すると以下の 3 つがあるという考え方が示されたところである[10]。このように，2017 年改訂における資質・能力の考え方は，教育課程全体の議論と各教科等の議論を往還させながら整理されていったところである。

　・物事の中から問題を見いだし，その問題を定義し解決の方向性を決定し，解決方法を探して計画を立て，結果を予測しながら実行し，振り返って次の問題発見・解決につなげていく過程

　・精査した情報を基に自分の考えを形成し，文章や発話によって表現したり，目的や場面，状況等に応じて互いの考えを適切に伝え合い，多様な考えを理解したり，集団としての考えを形成したりしていく過程

・思いや考えを基に構想し，意味や価値を創造していく過程

5　発達の段階を見据えた学びの連続性

(1)　幼児教育の特質と思考力等

2017年改訂では，時間割のない総合的な学びと生活の場である幼児教育と，教科等により構成される教育課程を編成する小学校教育との間で，相互の教育に関する理解を深め連携を強化する一助となるよう，「幼児期の終わりまでに育ってほしい姿」が整理された。これをきっかけに，幼保小間での交流行事や，小学校でのスタートカリキュラムの実施などの取組が進みつつあるものの，形式的な連携にとどまるとの指摘もある。

　思考力等の資質・能力についても，幼児期においては，幼児が生活する姿の中から見出し伸ばすことが強く意識されているのに対して，小学校以上では，各教科等の単元や授業を組み立てる際の目標として活用されるものとなっている。こうした違いを越えて，幼児期に育まれた思考力等の芽生えを，小学校でのさらなる成長につなげていくため，学習する子供の視点に立って，子供の主体性と教師の意図性がバランスよく絡み合うよう，幼保小連携に組織的・継続的に取り組み，互いの教育の良さから学び合う機会を持つことが重要である。

図4-4　幼児期の終わりまでに育ってほしい姿

(2)　高等教育との接続

学校教育法施行規則第165条の2第1項は，大学において，卒業又は修了の認定に関する方針（ディプロマ・ポリシー），教育課程の編成

及び実施に関する方針（カリキュラム・ポリシー），入学者の受入れに
関する方針（アドミッション・ポリシー）という，いわゆる3つのポリ
シーを定めるよう規定している。この3つのポリシーは，高等学校に
おいても定めることとされており（学校教育法施行規則第103条の2），
子供たちが，自分の学びの在り方を見定めながら学校を選ぶことができ
るようになっている。

　接続段階においても，例えば，2021年に開始された大学入学共通テス
トでは，問題作成の基本的な考え方として以下の3点を掲げており，
目指す進路の基礎力となる知識や思考力等を身に付けられるよう，主体
的な探究を促す工夫が図られているところである[12]。

・大学入試センター試験及び共通テストにおける問題評価・改善の蓄
積を生かしつつ，共通テストで問いたい力を明確にした問題作成
・高等学校教育の成果として身に付けた，大学教育の基礎力となる知
識
・技能や思考力，判断力，表現力等を問う問題作成
・「どのように学ぶか」を踏まえた問題の場面設定

6　学校教育への新たな要請と思考力等

　社会の変化に伴い新たな事象等が生じると，それに対応した学校教育の
在り方を検討することが必要とされる。こうした事象等について，これま
では教える内容に盛り込むかどうかの判断が主であったが，資質・能力の
三つの柱が整理されたことにより，学習する子供の視点に立って，知識と
して教えることが重要なのか，そうした事象に対応できる思考力等を育む
ことが重要なのかといった観点から議論することが容易となった。

　2017年改訂の終盤で議論されたプログラミング教育についても，特
定の技術や個別のプログラミング言語については，時代の変化や技術革
新の中で移り変わっていくことが予測される中で，大事なことはプログ

ラミング的思考 13) を中心とした資質・能力を育むことであるとの整理がなされた。これを受け，教育課程全体を見渡しながら，各教科等の学びを生かしつつ導入していく方向性がとられたところである。

7　これからの学びと思考力等

　予測困難な時代の到来が指摘されてきたが，世界を襲った新型コロナウイルス感染症の拡大は，まさに予測困難な出来事の一つであり，人々の生活様式に大きな変化をもたらし，子供の学びにも大きな影響を及ぼした。どのような状況下にあっても学びを止めないよう，世界中の教育関係者が日々奮闘する中で，ユネスコが指摘するように「学問的，技術的，情緒的に，生徒と教師がつながっていること」「教育システムをより力強く，強靱かつ柔軟なものにしていくこと」を実現するための努力が重要であるという教訓が得られた 14)。

　GIGA スクール構想をはじめとする新しい学びの環境づくりはそうした取り組みの一つであるが，そこで目指されているのは，2017 年版学習指導要領が目指す資質・能力の育成であることに変わりはない。

　社会的課題に自分事として向き合い活躍する「持続可能な社会の創り手」には，学び続けるために必要な自分ならではの学び方を見出し更新していく力も求められる。「令和の日本型学校教育」が目指す「個別最適な学びと，協働的な学び」の充実は，子供が自分なりに見出した学びの筋道を見取り支援していくことにほかならない 15)。

　2017 年改訂は，教科等の特質を踏まえた思考力等を整理し，各教科等の学習過程を通じて，思考等の過程がどのように「生きて働く知識及び技能」の習得につながるかを明らかにした。さらに今後は，思考力等の育成が「学びに向かう力，人間性」の涵養を支えていることも意識できるようにしながら，子供たちが学校で豊かな生活を送り，学びを人生や社会に生かすことができるよう，教育課程や教育実践の充実を図って

いくことが重要となると考えられる。

注

1) 中央教育審議会答申「幼稚園，小学校，中学校，高等学校及び特別支援学校の学習指導要領等の改善及び必要な方策等について」（2016年12月21日。以下「答申」という。）14頁。

2) 答申　15頁。

3) 答申　20-21頁。なお，学習指導要領に「学びの地図」の言葉自体は記されていないが，前文において，子供の「学習の在り方を展望していくために広く活用されるものとなることを期待して」学習指導要領を定めるものとされている。

4) 答申　9頁。

5) 答申　10頁。

6) 答申　10-11頁。

7) 国立教育政策研究所「教育課程の編成に関する基礎的研究　報告書7　資質や能力の包括的育成に向けた教育課程の基準の原理［改訂版］」2014年3月，21-61頁。

8) 読売新聞「OECD教育局長アンドレアス・シュライヒャー氏インタビュー」2017年8月11日。

9) 中央教育審議会教育課程企画特別部会論点整理（2015年8月26日）　11頁。

10) 答申　30頁。

11) 中央教育審議会幼児教育と小学校教育の架け橋特別委員会における審議経過報告（2022年3月31日）　9頁。

12) 独立行政法人大学入試センター「令和5年度大学入学者選抜に係る大学入学共通テスト問題作成方針」。

13) 自分が意図する一連の活動を実現するために，どのような動きの組合せが必要であり，一つ一つの動きに対応した記号を，どのように組み合わせたらいいのか，記号の組合せをどのように改善していけば，より意図した活動に近づくのか，といったことを論理的に考えていく力のこと。答申38頁。

14) ユネスコ主催「新型コロナウイルス感染症の流行と教育に関する第1回特別会合」2020年3月23日。

15) 奈須正裕『個別最適な学びと協働的な学び』東洋館出版社，2021年，119-120頁参照。

第5章

現場における「思考力の育成」の再考と その再構築の一考
――地方教育行政・校長の立場から

嶺岸秀一

1　はじめに

　「ぼくの夢は，世界で一番うまいスケーターになることです。だから
もっと練習するためにスケボーの本場のアメリカに行きたいです。（中
略）アメリカでは，日本でプロスケーターになってもアメリカ人のプロ
スケーターに認められないとプロスケーターじゃないのでアメリカ人に
認められるように毎日，毎日，練習してプロスケーターになりたいです。
プロスケーターになったらスケボーが出来ない人にうまくなるように教
えてあげたいです。」

　これは，今回の東京五輪の新競技・スケートボード男子ストリートで
金メダリストとなった堀米雄斗（22）の小学校卒業文集の一文である。
試合後の会見で，「シンプルなんですけど嬉しいです。今まで自分のや
ってきたこと，これから自分がやっていくことを信じられてよかった
です。」とも語っている。ここで筆者が特に着目したのは，ここに至る
までの彼のヒドゥン・ストーリーであった。世界を席巻したこの若者は
17歳で単身米国に渡り，苦心しながらも諦めずに海外の一流選手の技
を観て，学び続けながら，「まねしている限り，勝てない。世界で成功
するには独創性が欠かせない。」という考えに至り，実際に金メダルを

64

引き寄せた。そこに至った接続の鍵なるものを,「生きる力」等の視点で一考してみたくなったのである。それは, スケボー女子での 10 代前半のメダリスト等のパフォーマンスや振る舞いにも, 同様の想いを抱いた。

　紙幅の都合で, 私見を避けるが, このチャレンジにおいては家族の理解や多くの関係者の後押し等は勿論のこととして, 本人なりの不断の努力の下, 意欲や協調性, 忍耐等の「非認知能力」や, 広義な捉えとして「解き方があらかじめ定まった問題を効率的に解くのではなく, 予測困難な時だからこそ, その状況下でも物事の中から問題を見つけ, 解決の方向性を決め, 方法を探して計画を立て, 結果を予測しながら実行して次の問題発見と解決に繋げられる力を生み出していく」[1] という主体的, 創造的な思考（判断）力の醸成による教育的な影響が大きかったと期待したい。また,「自分で自分を変えていく力」が培われていった結果と捉えたい。筆者は, 自分（子ども自ら）という最も身近な社会を変えることができるのは,「教育（力）」だと信じて止まない。

　その意味で, 学校の内外を問わない教育を通じて, 今回全てのオリンピアンがメダルの有無に関わらず,「理解していること・できることをどう使うかを自らが育て, 未知の状況にも対応できる力」を培い, また,「多くのもの, コト, 人との出会い等を通し, 自分の考えを創り上げ, 様々な考え方を理解し, 多様な方法で自分を表現しながら最適化されたゴールを目指す力」を身に付けるという, 生きる力の重要性を改めて証明してくれたように概括する。そのなかでも特に, 彼らに共通した能力・態度は,「知識・技能」や「主体性・多様性・協調性」の要素を結び付け, 相乗効果を生みつつ, 個々が目指すカタチへの挑戦を支えることとなった「論理的・多面的・水平・仮説・批判的・問題解決的な思考する力」等が特出していたように思う。「思考（判断）力」は, 学びに限らず, 社会・世界や他者と向き合い, 生きる我々にとって, 全ての「問い」と「答え」を繋ぐルーターであり, ハブといえるのではないか。

以下，本稿では，「思考（力）」について，筆者の市教育行政職と学校管理職の両者の視点から理論，実践を融合させながら明らかにする。

2　あらためて，授業での「思考（力）」のあり方を考える

　今，学校では，教科等の目標や内容を見通し，特に学習の基盤となる能力・態度（言語，情報活用，問題発見・解決等）や現代的な諸課題に対応して求められる能力・態度の育成のために，教科等横断的な学習を充実すること，「主体的・対話的で深い学び」の実現に向けた授業改善を単元や題材など内容や時間のまとまりを見通して行うこと等が求められる。端的には，「何ができるようになるか」に主眼を置いた授業デザインがOODA（ウーダループ）「観察→判断→決定→実行」のもとで展開している。これまで，どちらかといえば，受け身傾向にあった学びから，「何のために学ぶのか」ということを教師と生徒が共有し，生徒自ら課題を抱きながら主体的に学ぶ，また相互に協働し，学び合いながら解決していく姿勢を育てることに主眼を置いた授業にシフトしている。その際，子どもの発達の段階や特性を踏まえ，思考力等の学力の3要素の育成がバランスよく実現できるよう留意する必要がある。このことは，学校教育法第30条第2項の「生涯にわたり学習する基盤が培われるよう，基礎的な知識及び技能を習得させるとともに，これらを活用して課題を解決するために必要な思考力，判断力，表現力その他の能力をはぐくみ，主体的に学習に取り組む態度を養うことに特に意を用いなければならない。」からも強く読み取れ，現場における改訂の拠り所となっている。

　特に，市教育行政や学校管理職である筆者のような者からすれば，今回の改訂を単に，授業の方法や技術の改善のみを意図する狭義なモノに留めず，子どもたちに求められる能力・態度を育むために，子どもや学校の状況や実態と，学習指導の内容や方法などのマッチングを踏まえ，「主体的な学び」「対話的な学び」「深い学び」の視点から授業改善を図

るという，広義な校内体制（教科経営）が極めて重要だと考え，全職員と共に，「トライアル＆エラー」の日々を重ねている。

　特に，本稿で明らかにする「思考（・判断・表現）」の過程[2)]には，
　〇事象や既習の中から課題を見いだし，その課題を自分事とした上で課題解決の計画を立て，結果を予測し，仮説検証をしながら考察等を行い，振り返りながら，次の課題発見・解決につなげていく過程
　〇インプットした情報等をもとに自分の考えを形成し，表現したり，目的や状況に応じて他者と対話を通して，多様な考えを理解したり，集団としての考えを形成したりしていく過程
などが主に考えられる。現場ではこの視点を踏まえ，各教科等の特質に応じた「見方・考え方」を働かせながら，具体的な学習内容，単元や題材の構成や学習の場面等に応じた方法について研究を重ね，相応しい方法を選択し，工夫して実践することがより一層重要となってくる。

　では，そもそも「思考（力）」をどのように捉えていくべきなのか。

国語	「読み，書く等で筋道たて考える力や豊かに感じたり想像したりする力」
社会	「社会的事象に係る課題や意味を多面的・多角的に捉え，考察する力」
数学	「事象を数理的に捉え，性質等を論理・統合・発展的に考察する力」

　上欄は，本市の指導主事に，「（各教科の）思考力とは？」と問い，集約したものだが，これが中々，共通性において難しさを覚える。このことからすれば，各校で，各教科間で，各教師間で，この周知・理解の共有は至難の業であり，ましてや各教科での子どもや保護者へのアナウンスは，現場において喫緊の課題の１つとしてクローズアップされた。

　そこで，これを進めるに当たり，鍵となるのが「見方・考え方」である。今回の改訂により，「見方・考え方」が各教科等を学ぶ本質的な意義の中核をなすものとして，改めて明示された。

　また，「身に付けること」として，「思考（判断・表現）力」が，各教科の単元ごとにその到達目標（次頁）として設定された。これは，これまで曖昧であった，「何を，どのように考え，表現させるのか」という指導上の問いに対する明確な答えと見て取れる。つまり，現場は，各教科等の特質に応じた「見方・考え方」を働かせ，習得・活用・探究の過程を通し，「思考力」等を研き，育む学びといった，「主体的・対話的で深い学び」を実現する鍵を得ることとなったのである。

　これは，管見の限り，現場感覚では，各教科において，かなり包括的，画期的に映っており，真価を認める。ただ，実のところ，これらの先行（投資）は改訂を待たずとも以前から，各現場において今必要とする課題として受け止められ，新学力観を踏まえた「考え，表現する」授業へのシフトは，段階的，部分的にではあるがすでに進捗していた。だが，結果として，そのような授業がデザインされ，学習者を満足させられていたかと問われれば，残念ながら各校ともに運用として機能しておらず，遅滞しているように感じられた。その事由は多様であろうが，様々な，多くの授業を参観する機会を得ることができた筆者の管見としては，「思考力」等の扱いにおいては，教科（教員）個々の裁量に委ねられていた感が否めず，変化を恐れるがあまり，未だ，「何を教えるか」に留まり，「問いをどのように考え，表現させていくか」という新学力観への踏み込みを避ける傾向にあったように危惧していた。

　実際には，改訂前には各教科・単元の特質に応じた「身に付けるべき思考力」等の不明確さにより，探究の系統性・連続性に欠ける学びや，それ以前に，「しっかり聴きなさい」「これだけは覚えておこう」「それが正解です」的な一方通行な学び，「先ず考えて・話し合って」型の教えずに考えさせる授業のような，先行きが見えないことで「できない・分からない⇒つまらない⇒飽きる」という悪循環に陥ってしまう指導が多く散見できた。

　まさに，今回の改訂は，現場の実態や状況等を踏まえた，持続可能な

社会の担い手である児童生徒の「考え，表現できる力」を育てるための授業づくりへの確固たる，強いメッセージと受け取るべきであろう。

3 「思考力」を育てるための理論と実践の融合

　先述したように，「思考力」の育成における授業スタイルは，「学習者である子どもが主体的・対話的な学習環境をもとに，『問い』と『答え』をつなぐプロセスが大切にされた学びである。」と筆者は提唱する。

　さて，この「プロセスが」であるが，昨年度まで教育行政職に身を置いていた筆者は，先述した主な2つを基調とし，全市的な推進を各校に依頼していたように記憶する。しかし，現在，本校の校長として実際に，「主体的・対話的で深い学び」の推進を目論む者としては，「（先生方に）もっと納得感を抱き，イメージしやすいモデルはないか」とアンテナを高くした。

　そこで，筆者が着目したのがこのモデル図である。これは，千葉県教育委員会が作成した，『「思考し，表現する力」を高める実践モデルプログラム』である。県教委が各校の学習指導過程と照らし合わせながら授業改善を行うための参考資料として示したものであった。ここでの肝は，「本モデルは，形式的な授業に陥ることを懸念し，単

元等のまとまりを見通し，毎時間その全てを行うものではなかった」ことである。単元計画や授業計画に意図的・計画的に「見いだす」「自分で取り組む」「広げ深める」「まとめあげる」の４つの過程を系統的，横断的，スパイラル的に位置付けることに重きをおいた実践モデルであった。ここに，筆者は有効性等を感じ得た。

　実際に授業を行う先生各人に，さらには先生方のメンターとなる研究推進部の者たちにとって，「お手頃感」「お得感」を抱かせるに足る見取り図に映るであろうと仄かな確信なる想いを持ったからである。その想いの先には，「本モデルに示す４つの過程は，若年，ミドル，ベテラン層に限らず，各先生方が経験値として，また感覚的なものとして，すでに授業において当たり前に取り組んでいるスタイルだ」という実態把握があった。

　結果としても，未だ試行中ではあるが，先生方の反応や，食いつきは好感触であり，研究主任曰く，「『未完成（進行形）』を合言葉に，同僚性を発揮して常に進化し続ける研修スタイル（「Earth O（Observe/Orient）Style」）をもって，先生や生徒の実態や次年度の義務教育学校開校という特殊性を踏まえ，本モデルをベースにしながらも固執せず，本校に適合する『実践モデル』づくりをしながら，日々，『考え，表現する授業』をアップデートさせていきましょう！」という大号令がボトムアップ的にかけられている（だが……）。

　ここで，筆者が伝えたいことは，何も「この実践モデルプログラムは優れているので，どの学校も用いてみては……」と推奨するつもりではなく，「授業の企画を担う先生方が，①イメージ化，②汎用性，③使いやすい等の視点での共通モデルなるものをベースに据え，試行錯誤されていかなければ，校内体制での「思考し，表現する授業」の進捗は遅滞してしまうだろう」という危惧である。換言すれば，学校（授業等）は，指導（ティーチング）から支援（コーチング）という指導観にシフトさせたもとで先生方が，学びの主人公である子どもの納得解こそをベース

に据え，自校の教育課程と睨めっこしながら，段階的，継続的，組織的に，今できる（であろう）「考え，表現する授業」づくりの最適解を見出し，目指していくことが急務（必須）となっているという事実である。

少しばかり，厳しめな文体になってしまったが，これは筆者が30年前にオープンスペース型教室の導入校に勤務したことがあり，当時より「学びの個性化」がオーセンティックな学びではないかと経験知的に仮説を生成したことが背景にある。当時，「オープンでなければ授業じゃない。楽しくなければ社会科でない。」とスローガンを掲げ，学習者に弾力性，許容性をもった「子どもありき」の教授を目指し，血気盛んに試行していたように記憶する。「学び」の構築に，学習者の自分事としての内発的な「なぜ」「どうして」という問いが欠如していたり，「何を」「どのように」「どこまで」といった学習過程や方法等に「子どもファースト」が見取れない授業が多く散見されていたことに，若気の至りとはいえ，大きな危惧を抱いていたことに起因するものと理解していただきたい。

もう少し付記すれば，ある授業においては，「何を考えさせるのか」「そもそもそこを考えさせるのか」という懐疑的な想いを抱くこともあり，また，「やってみたい（考えたい・調べたい・訊きたい・話したい・書きたい）」という「思考・判断・表現」における態度が形成されたにもかかわらず，場や時間が設けられなかったことを見取る度に，口惜しい感じに似た心情を抱くことも少なくなかった。授業後，そのことを訊いてみると，「先ずは教えてあげないと分からないはず」「考えさせたつもりです」或いは，「時間がなくて……」が主な感想であった。このあたりについては，市川伸一[3]のインタビューに，その課題の本質なるものが透けて見え，映しだされている。

　先生の中には，教えて考えさせる授業をやっている，と言う人がいます。

　しかし，その授業を見せてもらうと，私の言う「教えて考えさせる授業」とは違っています。大切なのは，「考えさせる」と言ったときの中身ですが，多くの場合「理解を確認する課題」や「自己評価活動」が抜け落ちていて先生の説明後，いきなり問題を解かせて先生が解説しているだけなのです。つまり，子どもに「教わったこと」を自ら表現させるとか，グループで教え合うことで，理解を確認して共有する活動が行われていないのである。

　一読するに，筆者の考えも曲解ではないと安堵しないでもないが，どちらにしても今も昔も「考え，表現する」プロセスが欠如した授業は，指導原理が崩れているのが実態としてあり，それが学びの魅力を損なっていると同時に，それが学力低下の一因となっていることは否定できない。

　このことからすれば，先述の「問い」と「答え」をつなぐハブは，「思考」であるという仮説も踏まえ，学習者にとっての「魅力ある学び」を奪わないためにも，「子どもが自ら考える」授業をデザインしなければならない。これを教師サイドから見れば，「子どもが考えてみたくなる（考えざるを得ない）授業」に昇華させることがマスト・ミッションとなるだろう。そのときの鍵となるのが，「身近さ」「切実さ」「未来（創造）性」等の視点の有無に係る「問い」の質であり，「答え」を導くための探究プロセスにおける，「個別最適化・協働的な環境」や「自己決定」「共感的な受容」といった場と時間の弾力的，開放的な学習過程の整備，さらには，子どもたちの適切な見取りを前提とした「（目標と）指導と評価の一体化」の保障の視点といえるだろう。

　ここで，評価について少し考えてみたい。ここまでの論は，学習過程における，「思考（判断・表現）力」の育成に係る指導について主に言及してきた。ただし，今回の改訂はこの「思考力」等も含む３つの能力・

態度の柱に対応して観点を再構成するという，所謂，一体改革の意味合いを持って提起されており，新しい学習評価が問われる今，「思考（力）」をどのように評価していけばいいのだろうか。これまでも然り，「思考（力）」という「見えにくい学力」の評価は，授業という「一様に，プラン通りに推移するのではなく，子どもと教師（子ども同士も）の問いを媒体とした化学反応のある活動過程」において，決して容易なものではないだろう。これは，これまで，「見えやすい学力」と表した「知識」についても同様であり，新たに「知識・技能」となり，「学習に主体的に取り組む態度」も含め，３つをバランスよく，一体的且つ包括的に評価に努めていかなければならない。その際，「指導に生かす評価」としての形成的な評価で，子どもの「つまずき（困り感）」に対する支援を柔軟に行いながら，単元ごとの各ポイントにおいて，「どのように総括的評価していくのか」の在り方が鍵となってくる。

　紙幅の都合で，深掘りは避けるが，どちらにしても，現場感覚としては，子どもが「（主体的・対話的に，）考え，表現する」姿を多く見取ることができる良い授業を創造していくために，論述やレポート作成，発表，グループでの話合い，作品の制作や表現等の多様な活動を通した評価を用いる等，「授業における『ヤマ場（ピーク）』を重視した」多面的・多角的な評価の研究（研修）に学校単位だけでなく，全市的な視点で取り組むべきだろう。ただし，今，どの学校においても，働き方改革も併せた「納得と信頼を得る」という二刀流型の改革という側面等をも踏まえ，ボトムアップ（緩やかなトップダウンも）で断行しなければならないだろう。

　以下，紙幅の限り，上述を踏まえた実践の一例（１学期）を紹介する。これは，30代教師（２年担任：研究部）の社会科【単元「近世の日本」（先述の「参考：（エ）幕府の政治の展開解説を参照）】の授業であるが，校内研修会等を通し，できる限り，「（見て，聞いて）考え，表現（話す・まとめる）する」学びをデザインするとして，相互参観にて先行しての

取組であった。次は単元計画であるが，「（先述の）解説・中項目」にも示す，「などに着目して」を働かせた単元を貫く「問い」があり，「どのように学ぶか」という子どもの学びを中核に据えた優れた実践であった。

繰り返される政治改革（近世の日本）

○1時間目・2時間目

・インプットさせる手立てとしてゲーム感覚でそれぞれの改革や政治を分類する活動を通し，特色を捉えさせる。

・それぞれの手法の評価を行う。人々にとって，良い評価悪い評価を考えることができる。

○3時間目（ヤマ場「総括的な評価の場」①の授業）

「課題(テーマ)：『自分と同じ人物を選んだ人と交流してみよう！』」

・今までの学習を活かし，最も良い政治をした人物を考え，他者に説明する。

・自分の選んだ理由と違う点 ② 百姓，武士，商人など，立場が違うと，「その政策はどう見えるか」という点を書けることをポイントとする。

○4時間目（ヤマ場「総括的な評価の場」②の授業）

「課題(テーマ)：ジャッジを下せ！『最もよい政治をした人物をだれなのか？』」

「他の人の説明を聞いた上で，最も改革を評価できる人」に投票する。

子どもたちの「思考力」を高めるために意識したこと

1 倫理観に基づく手立て ⇒ ここから，「歴史的な見方・考え方」を研く ⇒ 「比較から，関係認識」を育てる

倫理観とは"人として守り行うべき道，である。善悪の判断において，普遍的な規準となるものの考え方や捉え方"のことであるが，子どもにとっては理解しがたい言葉でもある。「みんなが HAPPY かどうか」を，一つの「ものさし」として，倫理観を教室に当てはめていくことが大切であると考える。授業展開の際のポイントを以下に挙げる。

① 子どもの特性を生かす

② 役割分担 ── 自己肯定感を高めるための手立て

③ 子ども全員が参加

検証する場がある，という３つの条件が設けられており，そして何よりも，その教師の場の設定に対し，子どもがそのプロセスを理解・把握し，主体的・対話的に学び合い，さらに上記③に示す，自分の「答え」に対し，他との比較により，新たな疑問やつまずき等の思考の深まりが可視化できているからである。

　この後，筆者は校長通信（上載）という媒体を用い，全職員に具体で焦点化したうえで，ポイントを示しながら紹介を行った。このように，日々参観で得た「よき授業」を見つけては，タイムリーに，コメント入りでの拡散に努めた。このような日々の授業を写真を用いながら可視化し，共有させたことにより，自然発生的にピックアップされた具体の授業場面をもとに職員間でコミュニケーションが促進されていくこととなった。このことは，よき授業づくりという視点での同僚性を伴ったモラールアップの喚起とともに，主体的，対話的な学びへと段階的に授業を改善していったと確信している。また，今回の改訂は，思考力などの育

成（＝子どもの姿）という目的から、「主体的、対話的で深い学び」へ
と授業をシフトした方法であることを踏まえ、先生方に肯定的、共感的
なものとして歓迎されるように、と戦略的に取り組んだものである。決
して指示ではなく、（全ては子どもたちのために）の下で、尽力してい
る先生方に対し、その目的を明確にしたうえで、同僚の取組を通し、演
習的に評価も補完しながら継続させていった。

4　社会や生活に活きるために「思考力」を育てる

　本稿を執筆するに当たり、浅沼茂[4]から、「現場は未だ多く、『教師
自身の頭には一斉画一の授業』が当たり前です。その中で20年も前に
あのような授業を実践していたなんて、信じられません。（略）先生が
実践された勝田台中学校での合科は、教育学的にいうとアメリカのマク
マリーらのヘルバルト主義の合科学習、文化開化史段階説、ポートフォ
リオ、オープン、ティーム・ティーチング、イエナ・プラン等のラベリ
ングができます。（略）」と綴られたメールが届いた。
　確かに、その授業（題材名「古人との出逢い、自分探しの旅」）とは、「①
社会・国語・美術の合科、②余裕教室（複数）をラーニングスペース化
し、学びの場を自分（たち）が選択する、③事前にシラバス（時間・内
容・方法・評価）を配付し、学習者自身が学習進度を決める、④（教師
とのカンファレンスを通し、）学習者がやりたいテーマを決定し、自分
のペースで学ぶ、⑤自己の学びのプロセスをポートフォリオに綴じ、形
成的及び総括的な評価を実施」などを学習者である子どもたちに保障し
た、所謂、習得・活用・探究の過程を弾力的に企画、運用した取組であ
った。当時の記録をフィードバックするに、①「今昔物語集にある竹取
物語・浦島太郎などは、ハッピーエンドなのだろうか」②「源氏物語に
映る昔の愛と今の恋愛、女性にとって、どちらが幸せなのだろうか」③
「松尾芭蕉はなぜ、日本各地を旅し、俳句を詠んだのか」といった、中々、

大人顔負けの魅力的な探究型の学びであったように俯瞰する。このこと
は，本稿のコア「思考（判断・表現）力」の視点からしても，「未知の
課題を見出し，考える」「新しい価値を生み出す」「考える先に，（質の
高い）より深い分からなさに出会う」といった，かなり先行した，色褪
せない感覚を覚える。

　先日，当時生徒であ
った母親と話す機会が
あり，その際に，「や
っと時代（30 年前）が，
当時の先生が取り組ま
れていた斬新な取組
（ノート・教科書持ち
込み可の定期テスト，
シラバスを用いた個別

化・個性化を許容した自由進度や形態の授業等）に追いついてきました
ね」というコメントを頂いた。これを聴き，嬉しさと共に，「子どもは元々
学ぶ力を持っている」という不易なる信念を改めて心に刻むこととなっ
た。そう，「思考（力）」こそは，無限の可能性を秘めた，持続可能な社
会づくりの鍵なのである。

　注

1)　教育課程企画特別部会「論点整理」2015 年 8 月。
2)　教育課程部会児童生徒学習評価に関するＷＧ資料 2 − 1
　　「新学習指導要領における思考力，判断力，表現力の評価について」（教職員支
　　援機構：大杉昭英）を基に改良した。
3)　ベネッセ教育総合研究所「『みのりある教育』に向けて―『人間力』につながる
　　学力向上への提言 2005 年」【BEAD　NO 1：創刊号】市川伸一，2005 年。
4)　浅沼茂のコメントから。

第Ⅱ部

思考力を育む
教育方法の実際

第6章

作って調べて考えて
思考力と直観を育む Yogeometry とは
＜中学校＞

大野寛武

1 現行の数学教育の課題

　思考力とは未知の問題に直面したときに自力解決できる力と考える。教師は数学に興味を持たせたいと願っているが，生徒・保護者は数学＝受験の道具の思いが強い。「七五三」というように，中1で3割，中2で5割，中3では7割の生徒が塾で数学を習う。解法を説明され反復練習し，学校より2週間先に予習する。学校は単なる復習となり，新鮮味はなく，自ら解き方を考える必要もない。その一方，勉強しない生徒もいて二極化となっている。

　数学の学習指導要領では1989年版に「生徒の主体的な学習を促し数学的な見方や考え方の育成を図るため，各教科の内容を総合したり日常の事象に関連付けたりした適切な課題を設けて行う課題学習を，適切に位置付け実施する」と，他教科に先駆けて示した。しかし，教科書をこなすだけで手一杯で課題学習をやる余裕もない。現行の学習指導要領では「数学的活動」として教科書でも多くの教材が導入されているが，コラムや巻末で扱われるために重視されない傾向もあり残念に感じている。

2　個性を伸ばす教育指導

⑴　40 通りの考え方

　自分にとっての数学教育の原点は教育実習であった。「生徒が 40 人なら 40 通りの考え方を」と厳しい指導を受けた。研究授業では「六角形の内角の和は何度」という課題に対し 40 通りの考え方を指導案にまとめた。この時の経験が後に大きく生きることとなり，深く感謝している。

図 6-1　六角形の内角の和の求め方の例

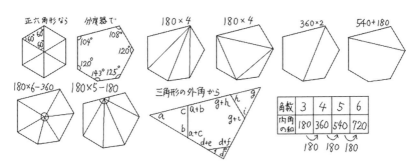

⑵　個性を伸ばす教育指導

　教員 10 年目の 1991 年に大学附属校に転勤となり，自由な環境で先進的な教育研究に取り組める恩恵に預かった。当時の校内研究テーマは「個性を伸ばす教育指導」であった。数学科では思考力の育成に特化し，教材開発，思考の分類と発問・助言，評価についての研究をしていた。

①　個性的な思考を生かすための教材の条件

　教科書の演習問題は，その章の考え方を利用するルーチンなものなので考え方は広がらない。人は困らないと考えないので，すぐに答えが分かるような問題では意味がない。そうかといって手も足も出ないような問題では挫折する。適度な難易度の設定も大切である。

個性的な思考を生かす問題は，解決方法に多様性があることが必要である。また，試行錯誤の中から多様な発見や新たな謎が生まれるものが望ましい。そのためには，課題学習が理想的だと考えた。多様な経験からセンスが磨かれ，直観が研ぎ澄まされ，思考力が育まれると考えた。

②　思考の分類と発問・助言
　課題学習は広がりが大きいので，多様な反応を予想することが必要である。多様な反応も，カテゴリーに分類することで的確な発問や助言が可能になると考えた。そこで，ピアジェの発達心理学にヒントを得た直観，具体化，特殊化，帰納的，一般化，演繹という「6段階の思考」を設定し，思考ごとに的確な発問・助言を設定することで思考をより高次な一般化や演繹に発展させられると考えた。
　研究授業で「二十角形の内角の和は何度か」という問題を設定し，生徒の反応例（◎）を予想し，思考タイプ別に分類した。それぞれの思考に対する発問・助言（→）として，次のような例を考えた。

　＜直観＞
　◎四角形が 360°なら二十角形は 1800°（※比例の考えの誤用）→本当？
　＜具体化＞
　◎二十角形を書いてみる→書かずに求められないか？
　＜特殊化＞◎正二十角形なら……→正二十角形でない場合は？
　＜帰納的＞

◎	角の数	3	4	5
	内角の和	180	360	540

角の数が1つ増えると

内角の和は 180°ずつ増える

　→二十角形のときの内角の和を計算するには？　　なぜ？
　＜一般化＞
　◎ x 角形のときの内角の和は $180(x-2)$ →なぜ？

＜演繹＞

◎二十角形を頂点から対角線で三角形に切る。対角線は自分と両隣の3ヵ所に引けないので 17 本。三角形は 18 個できる。→公式が作れないか？

③　生徒Kの独創的な解答

　授業ではまず個人でじっくり考えさせ，ワークシートに考え方を記述させた。事前に予想した様々な解答が並ぶ中，生徒Kのワークシートには不思議な図形が描かれていた。「角が全部で 20 個ある。90°が 12 個，270°が 8 個。90×12＋270×8 ＝ 3240°」と予想だにしなかった考え方を解説してくれた。

　ちなみにKはクラスでも 1，2 を争うほど数学が苦手な生徒だったが，この授業でヒーローになったのは言うまでもない。授業後の検討会ではどこからあのアイデアが生まれたのだろうかというのが話題になったが，以前の正方形のタイルを階段状に並べた図形の面積を求める問題がヒントになったのではという意見がでた。

図 6-2　Kの考え方

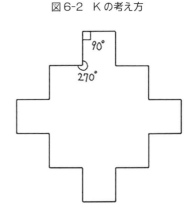

　この経験から，どんな突飛な考えも否定しないことや，できるだけ多様な考え方を普段の授業で経験させることの大切さを痛感させられた。

④　数学的態度・思考力を評価する記述式テスト

　教材開発と並行して考えなければならないのが評価である。従来の数学は技能偏重の傾向が強かったが，この頃観点別学習状況評価が本格化する時期で，特に「数学への関心・意欲・態度」「数学的な見方や考え方」（現行ではそれぞれ「主体的に学習に取り組む態度」「思考・判断・表現」）

の評価システムの開発が求められた。

　そもそも多様な個性の伸張を目指しているのに，一問一答で〇×を付ける問題ではふさわしくない。そこで，考え方や気付いたことを自由記述させる記述式テストのアイデアを 1993 年に初めて取り入れた。数学においては態度と思考は表裏一体とされていたので，不完全でも「しようとする」努力が認められれば態度にポイントを，数学的に正しく記述されていれば態度・思考ともにポイントを付けるよう，一つの問題で 2 観点評価できるようにした。特に，望ましい数学的態度とは何かを考え，次のように 12 項目を Ⅰ～Ⅳ の 4 段階にまとめてみた。

Ⅰ　数学的態度の基礎・基本

①　数量・図形的にとらえ論理的に考えようとする

Ⅱ　問題解決の過程における数学的態度

②　試行錯誤し，自力解決しようとする

③　特徴をとらえ，規則性を見つけようとする

④　帰納的に考え，一般化しようとする

⑤　なぜかという疑問を持ち，演繹的に解明しようとする

Ⅲ　発展的に問題をとらえる数学的態度

⑥　別解を求めようとする

⑦　よりエレガントなものを求めようとする

⑧　条件を変えたり発想を飛躍させることで新たな問題を作ろうとする

⑨　日常事象と数学の関連を見出し数学の理論を日常に生かそうとする

Ⅳ　日常生活にも生かせるより一般的な数学的態度

⑩　客観的に物事を判断しようとする

⑪　批判的に考え，論理の矛盾を指摘しようとする

⑫　発想が豊かで，数や図形で楽しむことができるセンスを持つ

　解答を質と量の 2 次元でとらえ，より高次な考え方，より多様な考え方が高い評価とするシステムを設定した。これにより，授業中の生徒の

発言に対し自信をもって即時的に評価できるようになった。数学で大切な価値観である「本当？」「なぜ？」「ほかに」を口癖にして授業をすると，やがて生徒同士でお互いに「なぜ？」と言い合う場面が見られるようになった。また，独創的な素晴らしい解答に自然と拍手が起きるようにもなった。数学的に育ってきた手応えを感じる場面でもある。

図6-3　解答の２次元評価

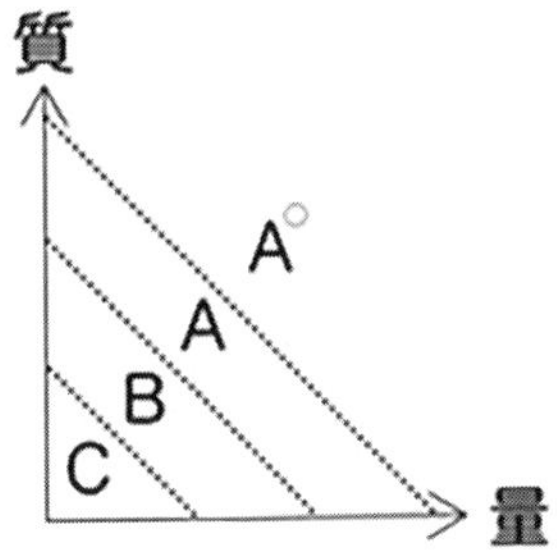

3　「火星の数学」の開発

初めて見る問題に対し試行錯誤し自力解決できるような教材開発ができないか考える中で，定番の問題の視点を変える「火星の数学」シリーズの問題を編み出し定期テストに導入した。

⑴　火星人・金星人算（１年生）

火星人は足が８本，金星人は足が 10 本である。火星人と金星人が合計 10 人，足の合計が 88 本だという。それぞれ何人ずついるか。あなたの考えを書きなさい。

◎火星人を x 人，金星人を y 人とすると連立方程式で解ける。

◎面積図で解ける。

⑵　火星のカレンダー（１年生）

火星のカレンダーは１週目は１日，２週目は２日，３週目は３日……という形式になっている。火星のカレンダーについてあなたの考えを書きなさい。

◎１ヵ月が 30 日なら８週目まで必要。

◎「日月火水木金土」以外の曜日の名前がいる。

◎ n 週までの日にちの合計は $1 + 2 + 3 + 4 + \cdots\cdots + n = \dfrac{n(n+1)}{2}$

(3)　火星の天秤（2年生）

火星の天秤は長さが1m
で，左端に100gの分銅，右
端に皿がぶらさがっていて，
支点のひもが左右に動いて釣
り合った所の目盛りが重さを

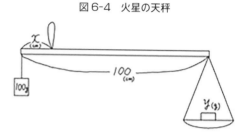

図6-4　火星の天秤

表す。支点が左からx(cm) のとき目盛りをy(g) として，火星の天秤に
ついて分かることを書きなさい。

◎ xとyの関係を表にする。

x	10	20	30	40	50	60	70	80	90
y	11.1	25	42.9	66.7	100	150	233.3	400	900

◎ xが2倍，3倍になってもyは2倍，3倍にならない。もっと増える。

◎ $100x=(100-x)y$　$y=\frac{100x}{100-x}$ となる。

◎ グラフが反比例に似てる。

(4)　火星の重力（3年生）

火星で地上x(m) から球を落下させ地上に着くまでの時間をy（秒）と
すると次のようになった。火星の重力について分かることを書きなさい。

x	0	1	2	3	4	5	6	7	8	9	10
y	0	0.7	1	1.2	1.4	1.6	1.7	1.9	2	2.1	2.2

◎ xが4倍のときyは2倍になる。xが9倍のときyは3倍になる。

◎ xの倍数の$\sqrt{}$がyの倍数。

◎ グラフが放物線を横にした形。

◎ 地球より火星の方が重力が少ない。（地球では4.9mで1秒）

4 「統合的カリキュラム」の可能性

　教科書では，1年生で比例・反比例，2年生で1次関数，3年生で関数 $y = ax^2$ を学習するが，各学年の事項を単独で扱うため，関数相互を比較して考える視点が弱い。また，対応表，式，グラフそれぞれに表現するものの，相互関係にはあまり重点が置かれない。そこで「ピラミッド型の図形」の分析を通し，関数を統合的にとらえる教材を開発し2年生で授業を行った[1]。

　<問>図のように1段，2段，3段，……と1辺5cmのつまようじで作る正方形をつなげたピラミッド型の図形を作っていく。x を段数とするとき，x に伴って変わる数量 y について調べなさい。

　この授業では，底辺の正方形の数，高さ，周の長さ，正方形の数，面積，周上の角の数，格子点の数，つまようじの本数など25種類の伴って変わる数量が見つかった。

図6-5　ピラミッド型の図形

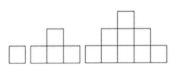

図6-6　主な分析の例

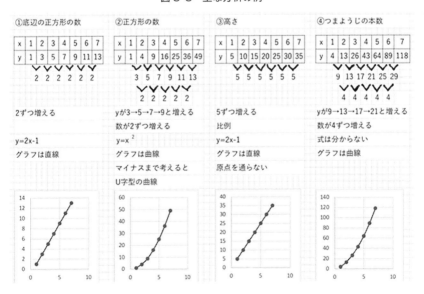

これらの数量を表，式，グラフで分析した。例えば「①底辺の正方形の数」「②正方形の数」「③高さ」「④つまようじの本数」などの分析では図6-6のような考えが出た。見つかった数量を仲間分けすると，表6-1のように，長さ的な数量は比例を含め「1次関数」に，面積的な数量は「2次関数」という次元に着目して分類でき，表・式・グラフの相互の関係を発見できた。

表6-1　表・式・グラフの相互の関係

	数量	表	式	グラフ
A	底辺の正方形の数，高さ，周の長さ　他	y の増え方が一定（等差数列）	1次式	直線
B	面積，格子点の数，つまようじの本数　他	y の増え方が一定に増える（階差が等差数列）	2次式	曲線

統合的カリキュラムを学習した実験群と通常の1次関数を学習した統制群に行った事後調査では，ノンルーチン問題の自由記述テストと数学的態度に関するアンケートで次のような有意な差が認められ，統合的カリキュラムの有効性が実証されたと考えている。

・試行錯誤を通し帰納的，演繹的，統合的に考えたり，法則を発見したりして，発展的に考える力が伸びる。

・関数の表・式・グラフの関係を統合的に理解し，関数を多様な方法で表現し，分析する力が伸びる。

・「数学はずっと勉強していきたいと思います」などの「関心・意欲・態度」が好転する。

・「形を変えて考える」「点の位置を変えて考える」などを選択する「発展的な態度」が好転する。

・「問題作り」「みんなで考えたり話し合ったりする」などの「数学の授業の場面ごとの重要性」を選択する割合が好転する。

5　作業的・体験的教材「Yogeometry」とは

⑴　Yogeometry の誕生まで

ピラミッド型の図形など正方形を連結する問題は，苦手な生徒はイメージをつかみづらい。具体物を提示したらどうかという発想から模型を作成しようと考えた。つまようじを用意して，接着剤をどうするか思案した。木工用ボンドは乾燥が遅い。瞬間接着剤は点で接着するのには不向きである。そんなとき，DIY店で見たグルーガンを思い出した。グルーガンは円柱状の樹脂をピストル型の電熱器に差し込み，レバーを引くと先端から溶けた樹脂が出る仕組みで，30秒ほどで冷えると固まった。授業で実物模型を提示したら分かりやすい説明につながった。

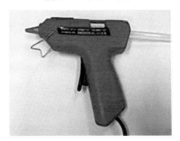

図6-7　グルーガン

もっと広く活用できないかと考え，生徒が自分で立体を作る作業的・体験的教材を開発した。つまようじ（yoji）で幾何学（geometry）をすることからYogeometry（ヨージオメトリー）と命名した。

1998年に初めて立体を作らせたとき，普段ろくに授業を聴きもしない連中を含め，クラス全員が目を輝かせ黙々と立体を作り続ける異様な景色に鳥肌が立った。Yogeometryが大いなる可能性を秘めた教材であることを予感させた。

⑵　Yogeometry の特長

1年生の空間図形では「正多面体の特徴を調べる」「正多面体の展開図を組み立てる」「正多面体の頂点，辺，面の数の関係を調べる（オイラーの多面体定理）」などが扱われているが，次のような課題がある。

①．見取図や投影図では実感がわきにくい。CGも画像は2次元である。

② 市販の立体模型や立体パズルは高価である。

③ 生徒が展開図を作図し，組み立てるにはかなり時間が掛かる。

④ 教科書の巻末に正多面体の展開図があるが，紙の模型は不透明である。

⑤ オイラーの多面体定理では正多面体のみ扱い，一般化する視野が広がりづらい。

一方，Yogeometry には次のような特長がある。

① グルーガンはリーズナブルである。扱いも簡便で火傷の心配も少なく，すぐ冷えて固まるため作業時間が極めて短い。固まった後も適度な弾力があり，再加熱で修正が容易である。

② つまようじは極めて安価である。65mm（または 60mm）の規格サイズのため，等辺の図形・立体を構成できる。

③ 展開図や設計図を必要とせず，試行錯誤しながら自由な発想で立体を作ることができる。

④ 完成した立体は辺構造で透けているため，自然に見取図や投影図として観察することができる。触って感触も確かめられる。

⑤ 立体は美しく，教科を超えたセンスを磨くことにつながる。

(3) Yogeometry でオイラーの多面体定理に取り組む授業例

　2 年生を対象に「①模型を見て正二十面体を作る」「②正多面体を分析する」「③自作のオリジナル立体を作る」「④正多面体とオリジナル立体を分析する」という流れで，4 時間構成の授業を 2003 年に行った。以下，授業の流れと生徒の反応例をまとめる。

① 模型を見て正二十面体を作る（第1時）

　割り箸で作った正二十面体の大きな模型を提示し（正二十面体とは言わず）「これを作ってみよう」とノーヒントで作らせる。生徒は目で見て，触って分析し，さまざまな作戦で作り出した。

◎全部三角形でできてる。

◎頂点に5本辺が集まっている。

◎五角錐がある。

◎三角形をいくつないでもちっとも丸くならない……。（※平面を三角形で敷き詰めた誤答だが，正多面体が5種類の証明につながる。）

◎（△を3個横につなげ）どう付けていいか悩む。失敗したらはがそう。

　20分ほど過ぎた頃，生徒Wが最初に完成させた。「どうやって作ったの」と聞くと「五角錐を上と下に2つ作って間をつなげた」と嬉しそうに答えていた。Wは数学が苦手で，得意教科は美術だった。意外なところで才能が発揮され，これが数学が好きになるきっかけとなったらありがたいと思った。授業終わりまでにほとんどの生徒が完成できた。「途中で形がつぶれていたのに最後の1本をつけたらまん丸になった。」という発見をした生徒もいた。次時の剛構造に関連する発見である。

②　正多面体を分析する（第2時）

　自作の正二十面体と事前に用意しておいた4種の正多面体を併せて分析する。立体の名称はあえて示さず，小さい順に（ア）正四面体，（イ）正八面体，（ウ）正六面体（立方体），（エ）正二十面体，（オ）正十二面体とした。

（ア）　正四面体

◎どこも平行にならない。

◎頂点につまようじを3本くっつけるとできる。

（イ）　正八面体

◎横に半分に切ると四角錐を2つ合わせた形になる。

◎ダイヤみたいな形をしている。

（ウ）　正六面体

◎垂直になっている。

◎（イ）と（ウ）の辺の数が同じ。（※双対に関連する）

◎（対面の中心を通る軸に対し）180°回転させて対称。

（エ）　正二十面体

◎（ア）の展開図をつなげると（エ）になる。

◎五角形の立体より三角形の立体の方が固くてじょうぶ。

（オ）　正十二面体

◎辺が30本ある。

◎バレーボールのように弾む。

　平行・垂直，辺のつながり，面の形，全体の形，対称性，双対，剛構造・柔構造など，実に様々な発見があった。このような中，面の形，面の数，辺の数に関する公式を生徒Sが発見した。

◎1つの面が三角形の立体は，面の数に $\frac{3}{2}$ をかけると辺の数がでる。

　1つの面が四角形の立体は，面の数に2をかけると辺の数がでる。

　1つの面が五角形の立体は，面の数に $\frac{5}{2}$ をかけると辺の数がでる。

→辺の数＝$\dfrac{面の形}{2}$×面の数

「Sの公式」と名付けられ，後の授業につながる重要な公式となった。

③　自作のオリジナル立体を作る（第3時）

　各自が1時間自由に立体を作る。双角錐，家のような形，正二十面体の各面に三角錐を付けた金平糖型など，多種多様な作品が完成した。

④　正多面体とオリジナル立体を分析する（第4時）

　正多面体と各自で作ったオリジナル作品の面，辺，頂点などにどんな関係があるかを分析する。

◎（イ）の面の数と（ウ）の頂点の数が同じで，（イ）の頂点の数と（ウ）
　の面の数が同じで，辺の数が同じ。（エ）と（オ）も同じ関係。

◎（ア）〜（オ）の正多面体は1つの頂点に集まる辺の数が1種類だ

けど，オリジナル立体は２種類以上になっている。

図6-8　正多面体とオリジナル立体の例・分析例

	(ア)	(イ)	(ウ)	(エ)	(オ)	(カ)	(キ)	(ク)
面の数	4	8	6	20	12	26	17	60
頂点の数	4	6	8	12	20	16	15	32
辺の数	6	12—12		30—30		40	30	90
頂点に集まる辺の数	3	4	3	5	3	4,5,6	3,4,6	5,6

　このような代表的な考えが発表された。生徒Oは，正十二面体の各面に五角錐を付けた金平糖型（60面体）の辺が多過ぎて数えるのに困っていた。そこでOはSの公式から$\frac{3}{2}×60=90$と予想を立てた。Sの公式はすべての面の形が１種類なら成り立つため90本は正解である。しかし，正多面体でない場面でも検証もせず安易に公式で計算する姿勢にあえて釘を刺した。「正多面体でないのにSの公式を当てはめて大丈夫？　数えた方が確かじゃない？」「無理……」「サインペンで色を着けると数えやすいよ」Oは色を着けながらすべての辺を数え，計算結果の90が正しいことが分かった。そのOが発見した法則が次のものである。

◎面の数＋頂点の数－２＝辺の数

　オイラーの多面体定理の発見だった。自分が作った金平糖型の辺の数でSの公式を当てはめ，その後実際に数えることで実証するプロセスは，誰かの発見を活用・発展させ新たな発見につながるという「練り上げの授業」の好例であり，クラスで授業を行う意義を改めて感じた。

　このように，Yogeometry の授業で，三角形の剛構造，辺の数を求める公式，オイラーの多面体定理などを体験を通して発見できたと感じている。また，身近な建造物などに内在する数学に着目できるほか，科学や芸術の世界へもつながるセンスが磨かれることが期待できる。

(4) Yogeometry の発展例

Yogeometry では次のようにさらに発展的な立体を作ることができる。

① ねじれる三角柱

正四面体を一直線上に連結すると，正三角柱ではなくねじれた立体になってしまう。水戸芸術館のタワーがこの構造で実に美しい。正三角柱にするためには，辺の比を $\sqrt{3}:\sqrt{3}:\sqrt{2}$ などにする必要がある。三角牛乳パックはこの比率となっており，すきまなく空間を埋め尽くせる。

② 半正多面体と三角形分割

サッカーボールは正五角形 12 枚と正六角形 20 枚の三十二面体である。このような立体を半正多面体という。この面を三角形で分割すると百八十面体ができる。フラーがこのようなドームを建築したことで知られ，化学では炭素原子がボール状に結合した物質をフラーレンと呼んでいる。

③ 星型多面体

正二十面体などで金平糖型の立体を作るとき，錐の底辺と側辺を黄金比にすると美しい星型多面体ができる。エッシャーの作品にも登場する。

④ フラクタル

正四面体を 4 個連結すると大きな正四面体ができる。この連結を繰り返してできる立体はフラクタル構造となる。正四面体のすきまは正八面体であり，正四面体と正八面体で空間を埋め尽くせることも分かる。

⑤ 4 次元立方体（超立方体）

2 次元の正方形を垂直に移動させた軌跡が 3 次元の立方体である。この立方体を垂直に移動できたとしたら軌跡が 4 次元立方体である。4 次元立方体や 5 次元立方体のモデルを Yogeometry では作ることができる。

⑥　クラインの壺

　紙テープを半回転ねじってつなげると裏表がない「メビウスの帯」となる。これを発展させた表と裏の区別がつかない曲面を「クラインの壺」といい，Yogeometryではそのモデルを作ることができる。

図6-9　Yogeometryの発展例

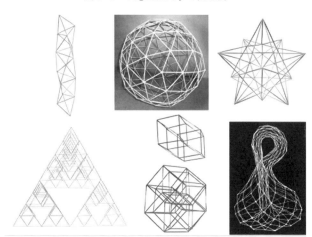

図6-10　身近にある建造物の例

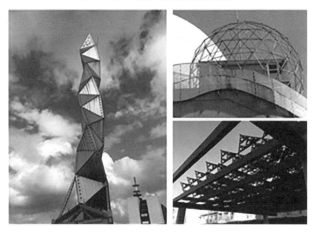

6　おわりに

　このような実践から，数学を学ぶ楽しさを味わわせつつ思考力を育成させるためには，身近な事象やノンルーチンの問題を試行錯誤しながら多様な方法で取り組み，多様な発見や新たな疑問を生み出すような活動が大切だと考える。これは言うまでもなく1935年発行の「尋常小学算術」以来日本のお家芸である「オープンエンドアプローチ」そのものにつながる。数学教員のみならずオープンエンドアプローチを大切にする教育がより一層充実し，思考力が育まれることを祈りたい。そして何より，教員自ら数学を楽しむ心を持ってほしいと願っている。

図6-11　オープンエンドアプローチのイメージ

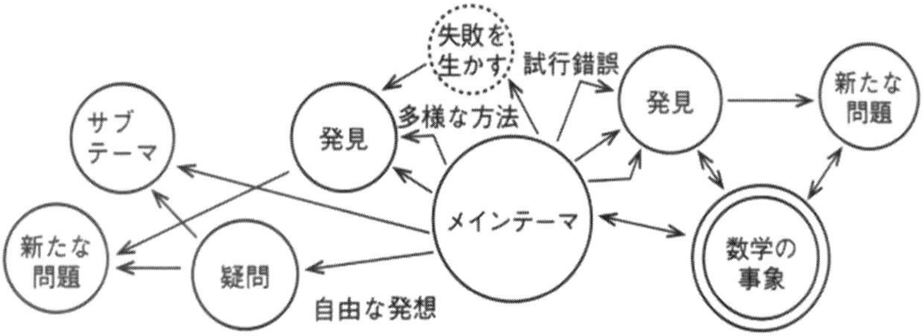

（本章の図・写真はすべて筆者作成・撮影）

注

1)　この成果は「数学的な考え方を育成する〔統合的カリキュラム〕の開発」として橋本吉彦教授のご指導のもと2001年修士論文にまとめることができた。

第7章 ▬▬▬▬▬▬▬▬▬▬▬▬▬▬▬▬▬▬▬▬▬▬

思考力を養う地理総合の授業
——独裁国家が開発した新型コロナウイルス特効薬
＜高等学校＞

柴田祥彦

1 思考力を重視してきた高校地理

　私が担当している地理という科目は，中学・高校を問わず地名や物産を暗記するばかりでつまらないというイメージが残念ながら根強い。中学，高校の地理の学習指導要領では，すでに暗記をなるべく排し，地理的見方・考え方という思考力を重視する路線に転換しているのにもかかわらず，暗記中心の授業が横行しているということもその原因のひとつであろう。そして地理において思考力を重視するという方向性は，2022年度から高校で必修化される地理総合においても継承されている。

　しかしながら地理を担当する教員自身が知識・理解を重視した授業しか経験していなかったり，あるいは思考力を重視した授業は実践できても，それを問うテスト問題作りに難儀しているためか，思考力を重視した授業は未だメインストリームにはなり得ていない。そこで今回私は，新学習指導要領の実施まで一年を切っていることから，思考力を重視した地理総合教材を開発し，地理Bの授業で実践したので以下に報告する。

2 アクティブラーニング形式の授業で育成する思考力

⑴ 授業実践1コマ目 ストーリーの説明と話し合い
平成30年告示高等学校学習指導要領地理総合の，B国際理解と国際

協力，(2)地球的課題と国際協力，イ次のような思考力，判断力，表現力等を身につけること，では「世界各地で見られる（中略）地球的課題について（中略）主題を設定し，現状や要因，解決の方向性などを多面的・多角的に考察し，表現すること」とある。

現代世界には多くの地球的課題が存在しているが，今最も深刻なものは新型コロナウイルスの蔓延であろう。現在進行中の事象は，生徒が関係者の家族であったり，評価が定まっていないなど慎重な対応が求められる場面が少なくない。とはいえ，現在起きている鮮度の良い話題は生徒たちの食いつきが良いし，そして何よりも生徒たちには現在の世界に関心を寄せてほしいと願っているため，リスクはあるものの取り扱うべきだと決意した。とはいえ実際の出来事をそのまま扱うと様々なトラブルの種になりかねないため，以下のような架空のストーリーを作り，それについて考察する授業を高校1年生を対象に，一学期の終わりに実施した。

独裁国家が開発した新型コロナウイルス特効薬

　Bunji 国は太平洋に浮かぶ本州ほどの火山島です。熱帯気候が卓越し，農業と美しい珊瑚礁を売りにした観光業以外に目立った産業がない，人口 300 万人ほどの開発途上国です。この国ではかつて Kokubunji 王朝が政治を司ってきましたが，1990 年に Shibachiri 大佐によるクーデターで王政が廃止され，以後大佐による独裁政治が現在まで続いています。

　Bunji 国の憲法では国民の基本的人権は認められているものの，言論の自由などはなきに等しい状態が長く続いています。もし政府に対する不満や批判などを口にしようものならば，一般市民を装った秘密警察によって逮捕され「職業訓練センター」に収容されてしまいます。この施設は「職業訓練」という名前がついていますが，出所者の話を総合すると実態は刑務所兼思想改善センターのようで，毎朝起床とともに大佐を讃える歌を大声で歌い，大佐の肖像画

に忠誠を誓わされるそうです。また，大佐が贔屓にする野球チームが負けると「お前たちの応援が足りないから負けたのだ，大佐はご立腹だぞ!!」と罵声を浴びせられるなどの理不尽なことがまかり通っているというのです。

　現在もこの国の指導者として君臨している Shibachiri 大佐は，軍人でありながら薬学部出身という異色の経歴を持っています。そのため「製薬ビジネスとその特許こそ Bunji 国が経済的に発展する唯一の道である。」と繰り返し演説してきました。そこで大佐は，国内に新薬の開発を進めるメディスンプラーザを作り，大佐自ら薬学関係の学会誌を読み，将来性のある人材を高待遇でスカウトし，新薬開発を進めてきたのです。

　そして先日，Bunji 国の国営 Komorebi 製薬が，ついに新型コロナウイルス特効薬 Coronazun の開発に成功したとの報道がありました。報道直後はこの特効薬の効果に疑問も出されていましたが，今では WHO の Gahsuh 事務局長も特効薬 Coronazun の効果に太鼓判を押しています。これでようやく世界はコロナ禍から救われると思われたのですが……。

　Shibachiri 大佐は先日「この Coronazun は我が国が莫大な資金を投じて開発したものだ。そしてメディスンプラーザを作るために国民には重い税金を課し苦しい生活を強いてきた。しかし Coronazun によって我が国に莫大な薬価が入ることになり，ようやく我が国も先進国並みの生活が可能となるだろう。オイルショックでアラブの産油国が豊かになったように，我が国も Coronazun によって豊かになるのだ!!」と国会で演説しました。この演説に Bunji 国民は熱狂し，30 年以上の長期政権で翳りが見え始めていた大佐の支持率も大きく上昇しました。

　また大佐は薬価について「新薬の開発には莫大な経費がかかったのだから，Coronazun は一錠 100 万円で販売する。」と発表しま

した。確かに薬の開発には莫大な資金が必要なのですが，一錠100万円という価格に世界の，特に開発途上国の人々は失望しました。そして Bunji 国の国民も薬価で得た富は実際には国民にあまり還元されず，大佐の贅沢な暮らしや国民を弾圧するための武器や諜報システムに使われるのだろうと疑っています。そして大佐は「この薬は Bunji 国の友好国に販売する。我が国を独裁国家だなどと誹謗中傷する国に売ろうはずがない。」とも宣言したのです。

　そんな中，近年目覚ましい経済成長を遂げている巨大国家「Gian」が Shibachiri 大佐に急接近し，特効薬 Coronazun の優先的な買い付けに合意しそうだとの報道が入ってきました。これまで Gian 国は，独裁国家 Bunji とその国の指導者 Shibachiri 大佐を痛烈に批判してきました。しかし Gian 国の国営新聞「Gian Times 通信」も今やすっかりそのトーンを潜め，Shibachiri 大佐をパンデミックを解決に導く英雄と褒め称える提灯記事を連日のように掲載している始末です。

　あなたは日本国全体の意思決定を担う国会議員の一人として，この事態にどのように対応すれば良いと考えますか。

　このストーリーには，意図的に世界の様々な出来事を埋め込んである。そのため日頃からニュースや新聞に接している生徒は，その箇所に差し掛かると顔をあげ「これは，あの国の出来事が元ネタですよね？」と私に対して目で訴えてくる。すかさず私も「さすが，君はよくニュースを見ているね。素晴らしいぞ！」というニュアンスで頷くという視線の会話が交わされる。

　また，これは読者にはわかりづらいところなのだが，このストーリーには本校生徒ならば思わずニヤリとしてしまう独自のネタも仕込んである。例えば国営製薬会社名の Komorebi は文化祭・体育祭などの行事全般を指す祭事名で本校にとって重要なキーワードである。独裁者の Shibachiri は私のあだ名であり，Shibachiri 大佐が贔屓にする野球チーム

が負けると機嫌が悪くなるというのは，巨人が負けた翌日の私の機嫌が悪くなるという，教室でのいつものことを反映させたものである。真面目なストーリーの中にもユーモアを入れ込んでおくと，ネタの箇所で笑いがおこり教室の雰囲気が朗らかになるので，毎回ストーリーの邪魔にならない程度に様々なネタを仕込んでいる。

　授業ではまずこのストーリーを読み合わせ，この授業の流れを説明してから教室で誕生日順に一列に並んでもらった。一般的にグループワークは席の近くの人とグループを作って行うことが多いが，本実践時は今年度初めてのグループワークということもあり，アイスブレーキング的な意味合いも持たせたかったのでこの方法を採用した。そして誕生日順の列ができたところで，大抵の場合クラスに一組はいる誕生日が同じ人や，今日が誕生日の人と軽いやりとりをして雰囲気を和ませてから四人のグループを作っていった。実はこの時，他のクラスで男女バランスをまったく考慮せず機械的に先頭から順番に四人のグループを作ってしまった。すると男子四人だけというグループは女子がいないせいかあからさまに無気力であったり，あるいは女子三人と男子一人というグループでは，男子は女子に圧倒されてほとんど話ができなかったりと問題が散見された。そこで本時の実践では男女が同数になるように調整してグループ分けを実施した。

　このような答えのない問題を深く考えさせるためには，様々な角度から物事を捉え，各自の考えや解決のためのアイデアを共有することが重要である。そのため生徒同士で話し合うことは不可欠だと考える。しかしこの授業を実践した2021年7月の時点で東京都には4回目の緊急事態が宣言されており，感染防止対策として飛沫が飛ぶような教育活動，つまり授業での話し合い活動は避けるようにとの通達が教育委員会から出されていたのである。そこで苦肉の策として通気の良い屋上に椅子を持ち出し，そこで生徒同士の間隔を確保して話し合いを実施することにした。当初生徒たちは普段は施錠されている屋上に初めて出られたため

興奮し，こんなところで授業をするのは青空教室みたいだと楽しそうにしていた。しかし 10 分もすると暑いとの文句が出始め，女子生徒からは日焼けするので困る，と時間と共に不満の声が大きくなっていったのは誤算であった。

　屋上に移動してからは，四人グループの中で司会者兼発表者を決めさせてから議論させた。私は適宜グループを回り議論に耳を傾け，請われれば助言して回った。この時，これはストーリーを作った私が悪いのであるが，想定外の質問が相次いだ。それは，「Bunji 国は火山島とあるが桜島のようによく噴火するのか？」あるいは「火山島ということは，すでに地熱発電所はあるのか？」また，「港の規模はどのくらいか？」「観光開発しているというが外資系のホテルはどのくらい進出しているのか？」というような，ストーリーのツメの甘い部分を鋭くついてくる質問が相次ぎ，タジタジになってしまった。今にして思えば，具体的な島国を参考にしてストーリーを作ればよかったと反省している。

　そして次回の授業では各グループ２分でプレゼンテーションしてもらい，その後３分間私とやりとりをすることを確認して「青空教室」を終えた。発表時間より教員とのやりとりを長くしたのは，昨年度のこのようなプレゼンテーションを実施したときのふりかえりシートに，中学では生徒の発表内容に先生は肯定的に頷くだけだったけど，高校では先生が厳しく突っ込んで来るのでやりがいがあった，といった趣旨のことが複数書かれていたので発表者と私が議論する時間を確保したからである。

(2)　授業実践２コマ目　解決策のプレゼンテーション

　２コマ目のプレゼンテーションは，飛沫感染防止のため教室より広い視聴覚室で実施した。地理Ｂでのプレゼンテーションは今年度初めてであり，その内容には正直あまり期待をしていなかったのだが，生徒たちは通信アプリの LINE 上で話し合いを重ねていたようで，プレゼンテー

ションの質はなかなかどうして素晴らしいものが多かった。10年くらい前の生徒たちと比べると，最近の生徒たちのプレゼンテーションのレベルは明らかに上がったように感じられる。この背景についてはある生徒の感想を示すのがベストと思われる。

「（前略）中学でディベート大会やプレゼン，レポート製作をやった経験が今に活きてるんだな，と考えると中学の先生にとても感謝したい気持ちになった。」

高校の教員としては小中学校の先生方のご努力に頭が下がる思いだ。

ここからの内容は，生徒たちのプレゼンテーション後の発表者と私とのやりとりを，記憶をもとに再構成したものである。

この問題の解決策として最も多かった意見は，特効薬の対価を現金で支払うのではなく，学校や病院といった形のある物で支給するというものであった。私は「良いアイデアだね，でも学校とかの建物はお金でできるけれど，そこで働く先生の養成はどうするの?」と返すと，生徒はその質問は想定外だったなぁという表情をしたが，咄嗟に閃いたのであろう，表情がパッと明るくなったかと思うとキリッと私の方を見つめ直し「だったら日本に留学させて勉強してもらえばいいと思います。」と素晴らしい答えを返してきた。

また，多くの生徒は学校などをつくるというアイデアを探り当てた時点で満足してしまい，そこで思考を止めてしまいがちなのだが，あるグループは学校の機能にまで思考を深めていた。すなわち「学校で民主主義の良さを教えれば，その生徒たちが成長した時に大佐のやり方に疑問が生まれるはずだ。そうすればやがて改革の動きが起こりBunji国はまともな国になる。」というのである。読み書き算盤を越えた学校の機能に気づけている優れた意見であり，この意見には私も最大の賛辞をおくった。

他には技術供与として地熱発電所を作り，同時にクアハウスのような温泉リゾートをつくるというプランを披露するグループもあった。実は私はあまり深く考えずに架空のBunji国を火山島と設定したのであるが，

生徒たちはここに注目したのである。4月のプレートテクトニクスの授業時に、アイスランドの火山と地熱発電、温泉リゾート開発について扱ったのだが、その知識を活用してくれたのは授業者として嬉しい限りであった。

　また、現在着々とワクチン接種が進んでいるのだから、100万円もの大金を出して焦って特効薬を大量に買う必要はなく、必要な数だけ限定的に買えば良いといった冷静な意見も見られた。あるいは、100万円という薬価は高いし、大佐の独裁政治は許せないから国際社会が協調して経済制裁を加えて譲歩を引き出すべきだ、という現実の世界でよくみられるような意見も出された。

　ところが一グループだけ、大佐を暗殺すればBunji国は良い国になり、万事解決するだろうという考えを示したところがあった。私はやや強い口調で、誰が暗殺を実行するのか？　暗殺者の依頼は誰が行うのか？　その黒幕が仮に日本だとし、それがバレた時に国際社会での日本の地位はどうなるのか？　と質問すると生徒は何も答えられなくなってしまった。ちょっとキツく言いすぎたかなと感じたので、そこからは私が、世界の歴史を学ぶとこのような場合指導者を暗殺するのは確かにあったことだが、21世紀に実行するのはあまりにも野蛮であろう。そして仮に独裁者が暗殺されても、次の指導者が民主的なことを重視する善良な人物かどうかはわからず、下手をすると今の指導者より残虐な人物がトップにつくかもしれないこと。そして『ゴルゴ13』はあくまで漫画の世界ですからね、と最後は少し柔らかな話題を着地点としてこのグループとの議論を終えた。

（3）　生徒たちのふりかえりシートから授業を検証する

　昨年度までのアクティブラーニング形式の授業では、ふりかえりシートに授業の感想等を書いて提出してもらっていた。ところが、得てして授業時間内では書き終えられないことが多く、昼休みや放課後にHR委

員に回収してもらっていた。そこで今回 HR 委員の負担軽減などをねらって，ふりかえりシートをデジタル化し，プリントに QR コードを載せ，各自のスマートフォンからそのリンク先の Forms に授業の感想などを回答してもらうことにした。Forms のタイムスタンプをみると帰宅後深夜になってから送信している者もいて，よくぞ忘れずに投稿してくれたと嬉しくなった。しかし紙であれば回収率はほぼ 100% であったのだが，実践した 2 クラス 80 名のうち，回答してくれたのはわずかに 53 名，回答率は 66% という低い数字となってしまった。学期末のギリギリの時期で未提出者への働きかけができなかったり，Forms での回答に慣れていないなど色々な理由があろうが，Forms での回答率向上は今後の課題である。

　さて，この授業を通じて生徒たちの思考力は高まったのであろうか。Forms での「この授業であなたが学んだことは何ですか？」という質問への生徒の回答から分析してみる。

　回答者 53 名のうち 16 名と，最も多くの生徒が答えていたのが「人によって，ひとつの物事に対する見方も考え方も違っていて，自分の考えにとらわれちゃいけないなと思いました。」というような，多面的・多角的に考察することが大切であることを学んだというものであった。また，授業の感想を書く項目で「他のグループや同じグループ内での討論で新しい意見を聞き考え方の幅が広がったと感じた。（後略）」と同様の内容を書く生徒が多く見られた。

　また，「答えがない問題に対して最適解を導き出すには普段から色々なことに興味を持って調べて自分の知識として身につけていくことが大切だということ」「（前略）やはり多くの知識がある人は先生に自分と違う視点の質問をされても答えられているなと言う印象でした。（後略）」と自分の知識がまだまだ足りないということを自覚した者も多かった。そして，その知識を補うために「率直に，もっとニュースや教養番組を見て，考えの幅を広げておけばよかった，と後悔した。（後略）」という

105

感想もあった。

　次のコメントは長いが様々な要素が包括的に含まれているので全文掲載する。

　「自分たちの班での話し合いや他の班の発表を聞いて，自分では思い付かなかったような考えがたくさんあった。これは想像力の差とかも多少はあるだろうけれど，自分の知識が少ないことが大きいと感じた。知識が少ないから引き出しも少なくて考えに説得力も生まれなかったと思う。ニュースを見ろ，新聞を読めということは色んな人が言っているが，めんどくさくて行動に移す気になれなかったが，今回で身をもってその重要性を感じることができたと思う。」

　高校1年の一学期の終わりの時点でここまで考えられる生徒は大したものだと思う。今後は似たような内容を二学期末，三学期末にも実施し，そのコメントを Forms で集め，クラス・番号順で並べれば，生徒の学期ごとの成長が分かるようになるだろうから，それを ICT を活用して個人個人に還元していきたいと考えている。

3　講義形式の授業で育成する思考力

(1)　探究したくなるような問いとは

　先の授業の感想に「受け身で受けていた授業時よりも頭を働かせて考えていたと思う。（中略）普段の授業であっても疑問を持ち，今回のようにそれを解決する過程を大切にしたい。」というものがあった。普段の私の授業スタイルは，正直に告白すれば50分間ほぼ解説するだけの講義形式である。先に示したように，主体的・対話的な授業は有効だとは思うが，毎回このスタイルだと定期テストでのペーパーテストの作成に難儀してしまう。そこで，講義形式の授業でも生徒が頭を働かせ，思考力を育成できる方法はないものかと考えた。

　地理総合の教科書を見ると，学習指導要領の「主題を設定し」に対応し

て，学習項目毎に「日本の地形はどのような特徴があるのだろうか」といった問いが設けられている。この問いは多くの先生方の多様な授業に合わせるため包括的な問いになっているのであろうが，そのため焦点がぼやけてしまっていると感じる。教科書執筆者には申し訳ないが，このような問いでは探究しようという気持ちが湧き起こりにくいのではないか。

　では，どうしてだろう？　なぜなんだろう？　と生徒自ら探究したくなるような問いとは一体どのようなものなのであろうか。

　このような問いのお手本は，2022年7月現在NHKで放送されている『チコちゃんに叱られる』でチコちゃんが投げかける問いではないだろうか。つまり，人々が当たり前だと思っていること，言い換えれば常識だと思っている事象を「なんで？」と掘り下げるような問いではないか。

　では地理の授業では，具体的にどのような問いになるのであろうか。

⑵　地盤沈下の原因はどうして地下水の過剰揚水だとわかったのか？

　地盤沈下は，主に地下水の過剰な汲み上げによって発生すると説明されている。この時この事実を知ることにとどまらず，さらに掘り下げ「なぜ地盤沈下の原因が地下水の過剰揚水だとわかったのか？」という問いに変換して生徒に質問してみた。

　このような正解のある問いを生徒たちに投げかけると，クラスメートの前で間違えたら恥ずかしいし，かといって優等生ぶるのも嫌だと考えるためか，反射的に「わかりません」と答えがちだ。実はこの問いかけは，これまでの授業や学校生活での私とのやりとりを通じて把握した生徒のキャラクターに応じて指名している。言いかえれば，「わかりません」と知識のなさを告白した後でも私とのやりとりについてきてくれる，いわば胆力の備わった生徒を指名しているのである。先ほどの質問は難しいものであり，私もいきなり生徒が正解を答えられるとは思っていない。

　そこで更なる思考を促すため【図7-1】を提示してから「関東平野と大阪平野で地盤沈下が一時的に収まっている時期はどんな時期？」と再

び同じ生徒に問いを投げかける。

図 7-1　全国各地の地盤沈下量　　　国土交通省ウェブサイトより
https://www.mlit.go.jp/mizukokudo/mizsei/mizukokudo_mizsei_tk1_000063.html

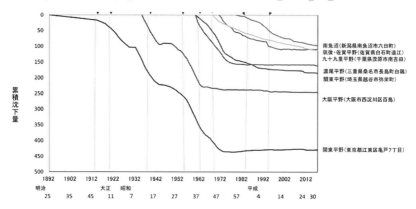

　すると「空襲？」とやや自信なさそうに答えたので「その通り‼　素晴ら
しい，よく気づいたね。」と若干過剰に褒め称えてから「空襲で地下水を
大量に汲み上げていた工場が破壊されたから，地盤沈下が一時ストップし
たんだね。ではもう一つ，どうして戦争が終わってしばらくしたらまた地
盤沈下が始まったの？」と聞くと「戦後復興したから？」とズバリ正解を
答えてくれた。私は再び生徒の回答を讃えてから，これらの観測データな
どが根拠となり，地盤沈下の主要因が地下水の過剰揚水とわかったこと。
そしてその後地下水の汲み上げが規制され，現在は地盤沈下の進行が食い
止められていること。しかし一旦沈下してしまった地盤は，例え地下水の
水位が回復しても元に戻ることはないことなどを解説した。
　知識・理解だけを重視する授業では，生徒たちとのこのようなやりと
りは不要かもしれない。しかし思考力が重視されるようになり，共通テ
ストでも地理的事象を GIS（地理情報システム）のレイヤー構造のよう
に資料を重ね合わせて考察させる問題も出題されているため，今後一層
このような授業が求められることになるのではないか。そうなると，「今
日は 31 日だから出席番号 31 番の人答えて」というように場当たり的

に生徒を指名するのではなく，生徒たちのキャラクターを把握した上で
指名することがより一層重視されることになるのではないだろうか。

⑶　なぜオランダに風車が多いのか

　同様の事例としてもう一つ，オランダの風車についての授業について
も紹介したい。

　オランダには風車が多いことはよく知られている。この単なる知識を
思考力を高める問いに変換すると「なぜオランダには風車が多いのか？」
となる。この問いに対しては，まず中学校で学習した偏西風という知識
を活用すれば，この恒常風が風車を回していることは想像に難くない。
しかし偏西風は隣国のベルギーやドイツでも吹いており，オランダにだ
け吹いているわけではない。とはいえ隣国にはオランダほどの密度で風
車はないのである。ということは，オランダに何か特別な事情があるの
ではないかと推察できるだろう。そこでその事情を把握するヒントとな
る，オランダを中心とする地域の標高図【図 7-2】を示し，さらなる思

図 7-2　オランダ周辺の標高図　　国土地理院・地理院地図より作成
https://maps.gsi.go.jp/#7/52.200874/7.608032/&base=std&ls=std%7Crelief_free&blend=1&disp=11&lcd=relief_free&vs=c0g1j0h
0k0l0u0t0z0r0s0m0f1&d=m&reliefdata=00G050505G32G656565G64G848484G96GA3A3A3GC8C1C1GFAGE0E0EGGFFFFFF

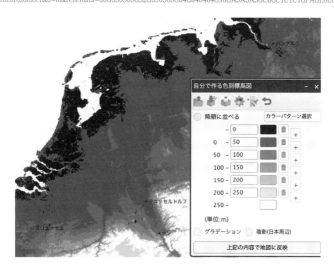

考を促したい。この時，できれば完成した地図を提供するのではなく，地理総合ではGISの活用が求められていることもあるため，ICT環境が整っているならば，生徒自身に地理院地図を操作させて地図を作らせたいと考えている。

　さて，【図7-2】をみるとオランダの沿岸部にはポルダーと呼ばれる干拓地，すなわち海面下の土地が広がっていることがわかる。ところがここまで把握しても，そのことと風車の役割を結びつけられる生徒は少ない。生徒は風車というとどうしても風力発電と結びつけがちなのである。そこで電気はいつ頃からあったのかなどを考えさせてから，オランダの風車の構造を示し，それが干拓地に溜まった雨水などを海面に汲み上げるポンプの動力として使われていたことを解説した。

　一般的な授業であれば，オランダと風車との関係についてはこれで終わりとなるだろう。しかし教員自身が空間軸をずらして他地域と比較したり，時間軸をずらして過去の事例と重ね合わせて探究していったならば更なる疑問が出てくるはずだ。「オランダは江戸時代に日本と交易していたのだから水車の存在を知っていたはずだ。風より水の方が人間はコントロールしやすいため，風車より水車の方が扱いやすい。それにも関わらずオランダで水車があまり導入されなかったのは何故だろう？」という問いが生まれないだろうか。

　この問いは難しいが生徒に投げかけても良いだろう。その時は先ほどの【図7-2】をもう一度読み取らせたい。可能であれば同縮尺で，同じ高度で区分された日本地図と比較させたい。そうすると高低差の大きな日本と小さなオランダという地形面での対照性を見出すことができるだろう。そこに両国の降水量のデータを重ね合わせて考察させれば，オランダは降水量が少なく国土も低平なので水車動力に適した河川が少ないから，という結論を導き出すことができるのである。

4　さいごに

　このように教員自身が探究していけば，良質な問いにたどり着き，講
義形式であってもある程度生徒の思考力を伸ばす授業が可能なのであ
る。しかしそのためには教員自身が探究できる精神的・時間的ゆとりが
不可欠である。生徒の思考力を伸ばすためにも教員の業務削減・働き方
改革は欠かせないと最後に強く訴えておきたい。

第8章

生きること考えることの総合学習
——校庭のみかんで“やってみかんパニー”
＜小中一貫校中学部＞

小玉容子

1　はじめに

　本稿は，筆者が2008年に赴任した，武蔵村山市立小中一貫校村山学園 (以下，学園と呼ぶ) での経験を基に，新学習指導要領の目玉である「思考力」目標が総合的な学習の時間 (以下総合学習) においていかに実現されてきたのかを具体的実践事例を示しながら，明らかにするものである。

　新学習指導要領は，中学校の「総合的な学習の時間」について次のように規定している。

　「(5) 目標を実現するにふさわしい探究課題については，学校の実態に応じて，例えば，国際理解，情報，環境，福祉・健康などの現代的な諸課題に対応する 横断的・総合的な課題，地域や学校の特色に応じた課題，生徒の興味・関心 に基づく課題，職業や自己の将来に関する課題などを踏まえて設定すること。

　(6)　探究課題の解決を通して育成を目指す具体的な資質・能力については，次の事項に配慮すること。

　ア　知識及び技能については，他教科等及び総合的な学習の時間で習
　　得する 知識及び技能が相互に関連付けられ，社会の中で生きて働
　　くものとして形成されるようにすること。

　イ　思考力，判断力，表現力等については，課題の設定，情報の収集，

整理・分析，まとめ・表現などの探究的な学習の過程において発揮され，未知の状況において活用できるものとして身に付けられるようにすること。

ウ　学びに向かう力，人間性等については，自分自身に関すること及び他者や社会との関わりに関することの両方の視点を踏まえること。」[1]

学習指導要領においては，総合学習といえども，その思考力目標は，「地域や学校の特色に応じた課題，生徒の興味・関心に基づく課題」をもって，どのように達成されようとしているのか，具体的な方策は，現場の教師にまかされている。筆者の実践は，現在の新学習指導要領を体現したものとして，ここで，紹介するに十分たるものと考える。しかも，本実践は，学習指導要領の解説にあるような「町おこし」や地域の振興を考えるという「起業」のような「総合学習」の実践例でもある。

2　「思考」することと「校庭のみかん」がどう関係するのか

なぜ，校庭のみかんが「思考力」につながるのであろうか。この問題は，本実践の中心の命題でもある。それは，小学校と中学校の校舎がまだつながっていない頃，中学校の職員室に「みかん」の差し入れがあったことに始まる。小学生が収穫した校庭の「みかん」だった。市内では，お茶やみかんが栽培されており，果樹園も点在している。小学校の校庭にも13本のみかんの木があり，毎年秋に収穫し，全校で味わっていた。

筆者は，これから推進する小中連携教育にこの「みかん」を仕掛けようと考えた。のちに誕生する「やってみかんパニー」である。東京の外れに「みかん」。皆不思議に思う。でも，この意外性が，不思議感を引き出す。チャールズ・パースは，信念体系が崩れるとき「思考」が生まれると述べている。「なんで東京で」「なんで，みかんを使った製品を作るなんてことを考えるのだ」という今までの日常性を破るときに，思考

は生まれる。

　さらに，製品を作るという突拍子もない課題は，一体「なぜ」，「どうやって」，「なんのために」という疑問を次から次へと引き出すことになる。

　小中一貫校が新設されることになり，金融・金銭教育指定校を受けたり，小中一貫教育による様々な制度的ずれを修正するという課題を乗り越えなければならないという使命は，既定のものとしてあった。でも，これらの課題は，教師自身も生徒自身も考えるべき「思考」のための材料でもあった。「思考」とは，何か抽象的な言葉をつなげることではなく，具体的な場面において，目の前の問題を解決するという，生活場面において生じるものである。生活場面においては，多様な変数を関連付け，順序だてて，答えを見いだしていかなければならない。経済・労働というような生活場面は，本実践において生徒自身が創造していったものである。さて，その実践の中身を見てみよう。

3　現実的な問題は，何か

(1)　金融・金銭教育指定校を受けて

2010 年 4 月，研究指定の委嘱を受けた後，中学部の教務主任，学年主任と話し合った。研究をどの学年の何の領域に位置付けるか，教育研究費をどのように使うか。そして，指導のねらいは。

　話し合いの結果，次のような方向でほぼまとまった。

○ 7 年生（中学 1 年生）の総合学習を中心に進めていく。研究指定が 2 年間であることを考えると 7 年生の総合学習のカリキュラムに重ねていくのがよいだろうと考えた。

○本物に触れる金融・金銭教育をめざす。生徒が商品を販売していく学習の中から，お金を貯める・稼ぐ・借りるなどの実体験をさせる。そのための資金として，教育研究費を活用する。もちろん，

教育研究費は本物のお金である。

　これらの方向性を小学部と共有した。当然のことながら，その時点では，連携できる学習は明確に定まらなかった。小中一貫教育といった時に「小中の文化の違い」は，克服すべき課題としてあった。

　児童・生徒に直接かかわることでは，授業の単位時間の相違が大きかった。中学部の2時間目，あと15分で授業が終わりという時，小学部の児童が大きな声をあげて校庭に飛び出してくる。縄跳びやボール遊び，追いかけっこ。20分間の「中休み」の始まりだった。中学部の生徒は，授業中なのに，うらやましそうに窓から外を眺めていることもしばしば。中学部は50分，小学部45分という授業の単位時間のずれはどうしても解消できなかった。2009年のプレ開校から準備は進めてきたとはいうものの，決して容易ではなかった。

　そのような作業が迫られている時に，研究指定校，連携授業なんて，やる余裕はない，という意見は少なくなかった。校種を隔てる壁を取り払うどころかますます厚みが増してくるようだった。なぜ，このような困難の中，「みかんアイス」なのか。

(2)　みかんアイスの試作と販売

「みかんアイス」は，実は，地域の生活から，出てきた課題であった。

　開校から半年，7年生の総合学習は「地域を知る」というテーマの学習が進んでいた。学校のまわりを自由に探索するのは，とても楽しい。通学路にある畑にも発見があった。畑で採れた新鮮な野菜を学校に持ち帰り，みんなで食べた。高齢者を運ぶ「送迎自転車」に手を振ると手を振り返してくれた。商店街で買い物している大人から「お勉強，頑張って。」と声援を受けることもあった。茶畑で茶摘みもした。「夏も近づく八十八夜……」，暦の意味がわかった。市内の丘陵地帯で栽培されているみかんを調べた班もあった。「甘い中にも酸味があって，味が濃いです。」食レポが面白かった。地域から学び，新たに知ることは多かった。

２学期の半ばから校内での学習が中心になった。調べたことをまとめ，人にわかりやすく伝えよう。５年生に発表したりもした。学園で学び合えるきっかけがたくさんがあることが少しずつわかってきた。

　11月，みかんの木には，今年もたくさんのみかんが実っていた。６年生と１年生の出番。収穫の時はもうすぐだった。７年生が１年生にみかんの採り方をレクチャーする場面があった。「皮が破けないように採るんだよ。私も１年生の時は，うまくできなかったけどね。」小学生の時から収穫してきた７年生には，校庭のみかんには，特別な思いがあった。「もっとみかん採りたかったな。」「学園のみかんを宣伝したいな。」７年生からそんな声も聞かれた。

　校庭の「みかん」を「しかけ」に使ってみよう。そろそろ仕掛ける時だ。温めてきた筆者の思いを先生方に伝えた。賛同してくれた。小中連携はじめの一歩だった。しかし，この段階では，みかんのアイスの構想はない。みかんをアイスに，という発想は，給食の時間に生まれた。

　ある日の給食の献立のデザートは市内のアイス工房で製造されたバニラアイスだった。季節を問わず，児童・生徒が楽しみにしているメニューの一つである。アイスが出るといつも以上に会話が弾む。

　「このアイス工房に行ったことあるよ。いろいろな種類のアイスがあるよ。私はメロンが好き。」

　生徒の魅力的な会話に誘われて，アイス工房に行ってみることにした。生徒に案内してもらって着いた工房には，地元の野菜や果樹を使ったアイスが10種類以上並んでいた。迷いながらもようやく選んだアイスを食べていると，生徒の一人が，

　「校庭のみかんがアイスになるといいね。それが給食に出るの，最高！」

　さっそく，工房の店主に校庭のみかんを使ってもらえないか尋ねてみた。店主は，笑顔で快諾してくださった。

　「美味しいのができますよ。」生徒たちと飛び上がって喜んだ。

　11月，６年生と１年生がさっそくみかんの収穫をした。収穫したみ

写真 8-1

かんを選別し（写真8-1），アイス工房に試作用のみかんとして搬入した。アイスが完成するのが楽しみだった。

2週間後，7年生と試作品を受け取りに行った。工房で試食した。予想通りの美味しさだった。アイスの蓋にオリジナルのシールを貼ってくれた。中央に学園の校庭のみかんを使用と印刷されている（写真8-2）。特別なアイスが誕生した。

写真 8-2

12月のある日の給食にサプライズがあった。みかんのアイスが出たのである。給食が試食タイムとなった。夢のような時間だった。

その後，アイスを販売するための準備が始まった。試作アイスができて喜んでいる場合ではなかった。決めなくてはいけないこと，検討することが山積だった。いつ販売するのか，場所は，おつりは，何個売るのか，……。レジ袋も買わないといけないし，工房の店主に支払いもある。値段はいくらにすればいいのか。7年生の知恵を寄せ集めて一つ一つ解決していった。

このような現実的な問題は，数学における，順列と組み合わせのような条件と因果関係を考えるというような「思考」過程である。

販売日は，翌年2012年1月28日と決まった。小中一貫校開校1年目の実践を発表する研究会に小さな販売ブースを設置できることになったのだ。販売日までの総合学習の時間は，すべて準備に費やした。

1月28日，研究発表会の当日，「1個150円，限定50個」と書かれた看板に誘われて，体育館に特設されたアイス屋さんには長い行列ができた。生徒たちの素直な思いに応えてあげたいとアイス工房の店主も当日駆けつけた（写真8-3）。

季節は冬，寒い体育館でもみかんアイスは飛ぶように売れ，30分足

らずで完売となった。売上金
は，ずっしり重い小銭ばかりの
7,500円。この重さは，今まで
感じたことのない達成感に変わ
った。

写真8-3

　試作販売のまとめと反省を
し，次年度への計画を立てた。
次年度の目玉は，アイスをもっ
と売る，そしてアイス以外の新商品を開発して売る，というものだった。
「また，来年もお店を開きたいです。」生徒の期待はますますふくらんで
いった。

4　みかんで商品開発

(1)　「やってみかんパニー」の設立

　研究指定2年目となった2011年4月，模擬会社を設立することにな
った。1年目の反省の中に，もっと利益を上げたい，アイス以外の商品
を開発して販売したい，も
っと宣伝したい，という意
見が多かったのを受け，で
あれば，会社組織で取り組
もうではないか，というこ
とになった。会社の名前は，
「やってみかんパニー」。生
徒会長が最高責任者CEO
に立候補した。

図8-1

　会社は8年生92名が社員となるのだが，無条件で入社できるわけで
はない。CEOによる選考試験があった。CEOを中心に総務部・人事部・

開発部・販売促進部・仕入部・製造部・経理部などの部署を置き（図8-1），それぞれの役割を明確に分担した。まずは，部長（チーフ）の選考である。廊下に求人情報（表8-1）を掲示した。

各部に付いている相談役（教師）と面接をした。7人が決まった。その後，各チーフと相談役による面接で所属を希望する社員を決めた。入社希望用紙は簡素な表（図8-2）だが，仕事の内容を理解していないと希望の職種を選択できない。求人情報の掲示板は大切だった。

表8-1

	主な仕事	募集人数
総務部	・「社訓」の作成 ・マスコミ対応 ・予定表 ・資料の保管 ・データ、画像記録	5
開発部	・新製品の企画 ・モニターによるアンケートの検討，集約	20
販売促進部	・のぼりのデザイン，制作 ・Tシャツのデザイン，制作 ・チラシの作成と掲示，配布	16
人事部	・面接 ・社員証の作成 ・勤務評価	10
経理部	・資金管理 ・見積書の作成，仕入部への指示 ・領収書の整理、決算	10
仕入部	・みかんの収穫 ・クッキー及びジャムの原材料の購入 ・包装材料購入	6
製造部	・商品の製造	25

図8-2

やってみかんパニー
入社希望用紙

組　番名前

◆希望する部署に○をつける（部長or社員）

	部長	社員
総務部		
開発部		
販売促進部		
人事部		
経理部		
仕入部		
製造部		

(2)　新商品の開発

会社の組織が整い，チーフのリーダーシップで各部が動き出した。

【人事部】人事部は，社員名簿をまとめ，首から下げる写真付き職員証を作成した。写真は人事部が撮影した。本人が気に入った写真が撮れるまで何度も撮り直しに応じていたので，思いの他時間がかかった。

人事部が掲げた目標は「全員が気持ちよく働ける雰囲気を作るための人材育成」。勤務の様子を常に観察していた。勤務評定と称して評価も出した。評価と言っても，人事部からの励ましの言葉や他の人からのア

ドバイスばかりで，いわゆる引き算の評価ではなく，たし算の評価だった。

【総務部】最初の仕事は「社訓」を掲げることだと CEO に言われたものの設立間もない会社の社訓を総務部 5 人で考えるのは難しかった。連想ゲームのように単語を並べてはみたが，結局，最後まで社訓ができなかった。ところが，社訓を生み出す過程で，会社名が生まれた。単語が会社名になった。「やってみよう＋みかん＋カンパニー＝やってみかんパニー」である。

総務部の重要な仕事は，進行管理だった。CEO と相談役と打ち合わせをし，早い段階で販売日を設定した。2012 年 1 月 21 日（土）学校公開日に出店することが決まった。総務部は，この日を周知させながら，作業が順調に進行しているか，困ったことはないか，変更になったことはないか，進捗状況のチェックを怠らなかった。

また，作成した書類や画像などを各部から収集し，横の連携も円滑に図ろうとしていた。さらに，総務部がビデオカメラを持ち，各部をまわり動画の撮影もした。時々，メディアの取材があった時も相談役と一緒に対応した。保健所など関係各所への届け出もすべて総務部が担当した。

【仕入部】仕入部の主な仕事は，商品の原材料や消耗品の買い出しであった。近くの商店街やスーパーマーケットに買いに行くのだが，買う前に，価格調査をし，見積書を出すのが決まりだった。経理部からの厳しい指示だった。

この年のみかんの収穫には，仕入部が加わった。新商品の開発も視野に入れ，その分のみかんを多めに採るのだが，無駄にならないように収穫予定量の見積もりを出してから採った。

【経理部】教育研究費は常にここが管理した。CEO と相談して予算案を作成，CEO と部長会で承認を得てから，各部に配分，見積書を作成させてから執行するというお金の流れだった。特に仕入部への指示は的確で，無駄遣いをしないように声をかけていた。レシートの紛失などの

ハプニングにも慌てず，柔軟に対応していた。

　配属になった社員は，パソコンに自信がある生徒10人だった。相談役は数学科の教員。社員は，4桁の足し算や消費税の計算なども簡単に暗算でやってしまう。処理が驚くほど速かった。

　【開発部】開発部では，アイスに続く，新商品の開発が始まった。「自分たちで何か作って売ってみたい」という生徒たちの思いから，さまざまなアイデアが生まれた。

　　○みかんクッキー　　○みかんジャム　　　　○みかんゼリー
　　○みかん茶　　　　　○みかんジュース　　　○冷凍みかん

　開発部は新商品候補を絞り込む会議を開いた。中学生でも製造できるか，保存がきくか，売れそうか，などの条件で検討したという。その結果，みかんクッキー，みかんジャムに絞り，製造部に試作をしてもらうことになった（写真8-4）。

　5年生に試食してもらった。消費者モニターである。みかんクッキーは，校庭のみかんを混ぜ込んだアイスボックスクッキーである。ジャムはクラッカーにのせて，食べてもらった。回答してもらったアンケートは製造部と共有し，レシピの改善につなげた。

写真8-4

　【製造部】最初に取り組んだのは，アイス工房との「みかんアイス」の再販準備だった。前回，即完売し，買えなかったお客様がいたことを踏まえ，今年度はぜひとも販売個数を増やしたい，そして，2年目のアイスは，自分たちも生産に加わりたいと考えていた。

　11月末，8年生のカリキュラムに3日間の職場体験が組まれていた。体験先の中にアイス工房もあった。製造部に所属する生徒が体験に行った。お店の掃除や接客の合間にアイスの製造に加わった。1年目はすべ

て工房にお任せだったが，2年目のアイスは，ちょっと違う。みかんの皮をむいたり（写真8-5），アイスのショーケースにはポップを描いたり（写真8-6），アイスの容器にシールも貼った（写真8-7）。こんどのアイスには会社名も入っている。中学生ができることをさせてもらえた。

新商品の試作も担当した。開発部から新企画を受けるとレシピの考案にとりかかった。作業工程に対応して，①みかん担当，②計量担当，③生地担当，④オーブン担当，⑤包装担当に分かれた。

何度も失敗した。モニターのアンケート結果をすぐさま反映した。苦労を知らない厳しい意見も素直にうけ止めた。何度も繰り返した。販売日が迫ってくる焦りもあったが，時間を計画的に使おうと予定を調整するため，何度も話し合った。どうにか「みかんクッキー」と「みかんジャム」（写真8-8）が完成した。

当初のクッキーは1種類だったが，最終的に3種類に増えた。最初のみかんクッキーの試作中に偶然に生まれた「ロゴ入りクッキー」と「お茶クッキー」である。

ロゴ入りクッキーは，みかんを入れ忘れてしまった生地に竹串で文字を描き，焼いたものである（写真8-9）。これがなかなか好評で，商品化することにした。もう一

写真8-5

写真8-6

写真8-7

写真8-8

つは，製造部が考えたクッキーである。学園のシンボルマークには，「オレンジ」と「グリーン」が使われている。「オレンジ」は小学校のイメージカラー，「グリーン」は中学校のイメージカラーなのだという。「みかんクッキー」があるならグリーン

写真8-9

のクッキーもあってもいいな。製造部は，この2色を意識して，もう一つのクッキーを創りあげた。これが，地元の狭山茶をつかった「お茶クッキー」だった（写真8-10）。 こうして作られたクッキーとジャムは，コンテナボックス12箱分にもなった。

【販売促進部】販売促進部は，デザインやモノづくりの得意な生徒が配属になった。その腕前を生かして，のぼりの制作に取り掛かった。お店やその周辺，校舎の入り口に目立つように立てようというものである。布に絵の具で描いたのぼりは手作り感満載の出来上

写真8-10

がりだった。経理部に掛け合って，作ったものがあった。おそろいのTシャツである。オレンジと緑色の2色。胸にはアイロンプリントがある。販売する時に着用するユニフォームだ。30枚。全員分はない。当日，交替で着る予定だ。

(3)　いよいよ開店「いらっしゃいませ」
　販売の日，2012年1月21日（土）は授業公開日だった。1・2校時は通常の授業，3・4校時は総合学習だった。3校時は全員で開店準備。体育館に机を並べ，クッキー・ジャム・アイスの販売ブースを作った。

クッキーとジャムが入ったコンテナ 12 個を運び入れた。コンテナは一人で持てる重さだが，2 人組で丁寧に運んだ。商品を落としたら大変だ。みかんアイスは前回の試作販売の 10 倍の 500 個を配達してもらった。発泡スチロールとクーラーバッグに入れて体育館に運んだ。冷凍庫がないので，売れ残るのが心配だった。製造部が商品を机に並べ，値段の表示をした。経理部がお釣りを用意した。売上金を管理する担当者が座る席を設けた。仕入部がレジ袋を売り場担当のそばに置いた。販売促進部が作ったのぼりを販売ブースと体育館の入り口に立てた。派手な色使いでとても目立つ。総務部はカメラを携えてお客様を待った。T シャツに着替えて開店時刻を待った。CEO が各部に最終確認の声掛けをした。いよいよ開店である。

3 校時が終了し，10 分間の休み時間，事前に配布した総務部によるチラシ（写真 8-11）による宣伝効果もあって，体育館には長蛇の列ができた。人事部はこの日ばかりは社員の勤務評価ではなく，お客様の列を整える誘導係だ。

4 校時の開始チャイムと同時に販売開始。

「いらっしゃいませ。」「ありがとうございます。」大きな声で接客できている。相談役の先生方は，各部の周りでフォローしてくれている。

写真 8-11

公開授業のゲストで来校していたテレビで活躍している気象予報士さんも買いに来てくれた（写真 8-12）。こうして，みかんアイスもクッキーもジャムも，授業の 50 分間で完売した。買えずに帰ろうとしていたお母さんが「買えなくて残念でした。来年も売ってくださいね。楽しみ

にしています。」と声をかけ
てくださった。

写真8-12

　やってみかんパニーの活動
は終わった。感激して泣き出
す生徒もいた。商品を販売し，
利益を出し，借りたお金を返
す，という金融・金銭教育の
目標はほぼ到達できた。

　CEOと各部長がアンケートをまとめた。

　○働くことは楽しいと思った。○1円でも多く利益を出すために一生
懸命クッキーを焼いた。○一攫千金を狙って生活するより，地道に稼ぐ
方がいいと思った。○クッキーを食べたお客さんから美味しいと言われ
てうれしかった。○会社を経営するのは，大変だと思った。倒産しない
ようにするには勉強が必要だ。○150円のクッキーを作るのにたくさ
んの時間とエネルギーをかけた。仕事が楽しかったからできたんだと思
う。○のぼりは目立ってよかった。宣伝がんばった。だからよく売れた！
○新商品を開発するのはわくわくした。企業はこうやって商品を作って
いるんだろうな。すごいな。○売上金を計算するのは，緊張した。収支
がぴったり合ったのでホッとした。

　アンケートには，93人それぞれの学びと感動があった。「やってみか
んパニー」は，2年間の教育研究の指定の終了と同時に会社を閉じた。

　ところが，8年生が9年生になった時，生徒たちの力で会社を再興さ
せた。「卒業する前にもう一度お店を出したい。」という。しかし，もう
教育研究費はない。PTAに掛け合って資金を借りた。「やってみかんパ
ニー」に新商品も加わった。校庭のみかんとお茶を使ったパウンドケー
キだった。冬の寒い日，校庭にお店を開いた。卒業前の最後の「やって
みかんパニー」は大盛況だった。

5　おわりに

　この「やってみかんパニー」は，今から約10年前の総合学習である。いわゆる「十年一昔」前の，決して新しくはない実践である。2002年に総合学習が創設されたのだから，総合学習が始まってちょうど10年，授業への戸惑いや不安が払しょくされ，学校ごとの総合学習の流れができてきた頃だったかと思う。

　最初は研究指定校から始まった「やってみかんパニー」だったが，教師たちが仕掛けた「人・もの・できごと」と出会い，生徒はそれぞれの学びに没入していった。予想もしない「トラブル」もたくさんあった。「苦労」の連続だった。しかし，この「苦労」はうまくいった時の「達成感」が打ち消してくれた。このトラブルこそが，「思考力」を養うための材料となったのである。

　学習にどれほどの成果があったのかを測るとき，テストの得点に視点がおかれることが多い。点数が高ければ高いほど学習成果が高いとするならば，アイス工房に通って，テストの点数が上がったわけではない。しかし，地域に飛び出して，「人・もの・できごと」と出会い，直接かかわり，時には格闘するという学習には，数字では測れない学習成果がある。「やってみかんパニー」には地域で学ぶ魅力と教育的な価値が存分にあった。

　新学習指導要領の改訂が告示される前年の平成28年12月に中央教育審議会から出された答申に次のような記述がある。

　「"人工知能の急速な進化が，人間の職業を奪うのではないか""今学校で教えていることは時代が変化したら通用しなくなるのではないか"といった不安の声」がある。「……人工知能がいかに進化しようとも，（人工知能）が行っているのは与えられた目的の中での処理である。一方で人間は，感性を豊かに働かせながら，どのような未来を創っていくのか，

どのように社会や人生をよりよいものにしていくのかという目的を自ら考え出すことができる。」「……必要な情報を見いだし，情報を基に深く理解して自分の考えをまとめたり，相手にふさわしい表現を工夫したり，答えのない課題に対して，多様な他者と協働しながら目的に応じた納得解を見いだしたりすることができるという強みを持っている。」答申では，これを「人間の学習」と表現している。

　「やってみかんパニー」から10年経った今，あらためてこの実践を問い直してみると，答申でいうところの「人間の学習」が随所にあったことに気付く。

　人は，新しいものに遭遇すると，これは何だろう，自分にできるだろうか……と思う。好奇心や探究心はこの時に呼び覚まされる。新たな世界の営みに触れることが，新しい自分を見つけるきっかけになるものである。生徒がのめりこんでいくことで教科書にはない「人間の学習」が展開していった。試行錯誤をする生徒たちをみて，周りにいる大人はハラハラするのだが，「仲間との協働」，「自らの可能性を信じること」，なにより「よりよい社会の創り手になろうとする」ことが「やってみかんパニー」を支えたのである。

　学校で学んだことが，これからの人生につながってほしい。社会がどんなに変化して予測困難な時代になっても，自ら課題を見付け，自ら学び，自ら考え，判断して行動し，それぞれに思い描く幸せを実現してほしい。新学習指導要領には，これまでと変わらぬ「生きる力」への思いが込められている。

注

1)　https://www.mext.go.jp/content/1413522_002.pdf

第 9 章

身近な素材—レシートと履歴書—を活用して歴史の見方・考え方を育む授業実践

＜高等学校＞

山岸　皇

1　歴史的背景を踏まえた思考を可能とするためには

　グローバル化が進み，国際理解や主体的に活躍する資質など様々な力が求められるようにはなった。しかし，世界史という科目は果たして高校生，特に地方で過ごす生徒に身近なもので，自分の人生に関係する科目として考えることはあるのだろうか。国際社会で活躍するために，民主主義を担う公民的資質などを伝えても，自分の教える子どもたちに学ぶ意欲を持たせることが可能であるかは疑問を感じている。正直，現段階では何故世界史を学ぶ必要があるのかという問に対する高校生が納得できるような回答は持ち合わせていない。ただ，教員となってからは学習指導要領にもある「歴史的思考力」にヒントがあるのではないかと考えている。世界史でなければ身に付かない，世界史が必要であると高校生が感じる理由は果たして存在するのか。そこから歴史的思考力や歴史教育に関する著作を手当たり次第読みあさってみた。

　その結果自分の中では「歴史的背景を踏まえた思考」ができるようになり，様々な現代の事象について判断できるようになることが世界史を学ぶ意義なのではないかと考えている。そのためには，歴史の見方や考え方を多面的多角的に習得する必要があり，その次に歴史的背景を踏まえて現代の社会的事象に応用することが可能になる。それが歴史，特に

世界史を高校生が学ぶ理由なのではというのが一応の考えである。その
ためには様々な切り口の授業や歴史に興味を持つことが最初の一歩とし
て大事であると思う。

　普段の授業は一方的な講義形式が多いものの，新しいチャレンジが出
来そうなタイミングがあれば歴史を通しての見方を身に付けさせる観点
を忘れない授業を実施するようにしている。その際は歴史に興味のな
い，勉強がそもそも苦手な生徒に対して，歴史に興味を持つような導入，
身近なもので多くの知識を使わずに深い思考へいざなうことが大事と考
え，授業づくりを行っている。

　今回はそのなかで私が実践した二つの授業を紹介させていただく。１
つ目がレシートを活用した世界史の導入である。そして２つ目が履歴書
を活用した諸子百家の授業であり，どちらも身近なものを活用したとこ
ろに共通点がある。教員として３年目で，まだまだ未熟なところが多い
ものの，このような授業をたたき台やアイデアの材料として，様々な教
材を活用した授業につながればと思い，述べさせていただく。なお，今
回実践報告するレシートを活用した世界史の導入は２年生世界史Ｂに
おいて，オリエンテーションの次である２回目の授業で実施した。２つ
目の履歴書を活用した諸子百家の見方と考え方は同学年の１０月に同生
徒に実施した授業である。

２　実践クラスの生徒像

　以下に紹介する授業を実践したクラスは北海道釧路東高等学校２学
年のＡ組とＢ組の２クラスである。ただし，今回は紙幅の関係もあり
Ａクラスの実践例を紹介させていただく。Ａクラスは男子１５名，女子
２４，計３９名であり，活発な生徒が多く，発言もよく出てくる。男女比
は４：６で，学力的には困難を示す生徒が多く，講義より作業などの活
動には積極的に取り組む傾向にある。生徒のレベルを量る材料となるか

はわからないが，初回のオリエンテーションで実施したアンケート結果（図 9-1）の一部を載せる。

　歴史自体に興味を持つ生徒は一定数いるが，中学校の基本的な事項については抜けている生徒も多数いるのが実情である。そのため，授業ではどのようにして生徒の学習意欲を高めていくかが課題であり，導入や授業構成の工夫，支援などがポイントとなる。また，グループワークなどに積極的な生徒も在籍するなかで，難色を示す生徒や学校を休みがちな生徒もいる。複数回想定した授業では，休みがちな生徒などが初回にいないこともあるため，どのように配慮していくかが課題であり，場合によっては授業開始と同時に授業を始めることが難しいことから，最初の5分などは生徒を落ち着かせる時間とすることが多い。時間を計算して授業をする際はこのような点も想定する必要がある。生徒の卒業後に関しては就職が6割であり，進学に向けた授業ではないため，進行頻度は生徒のレベルに合わせて丁寧に行っている。今回，履歴書などを活用した理由としても，就職活動を控えている生徒にとっては意識が向きやすいという理由もあることを考えている。以上を踏まえたうえで，以下の実践について読んでいただければ幸いである。

図 9-1

生徒の状況　　事前アンケートから

	知ってる		聞いたことある		聞いたことない		計	
メソポタミア	11 名	28%	26 名	67%	2 名	5%	39 名
ナポレオン	15 名	38%	23 名	59%	1 名	3%	39 名
コロンブス	15 名	38%	23 名	59%	1 名	3%	39 名
産業革命	10 名	26%	28 名	72%	1 名	3%	39 名
フランス革命	10 名	26%	27 名	69%	2 名	5%	39 名
織田信長	21 名	54%	18 名	46%	0 名	0%	39 名
第二次世界大戦	16 名	41%	22 名	56%	1 名	3%	39 名

	思う・意味がある		思わない・意味なし		不明・どちらでも		計	
世界史と聞いて勉強したいと思ったか？	13 名	33%	20 名	51%	6 名	15%	39 名
世界史を勉強して意味はあるか？	20 名	51%	11 名	28%	8 名	21%	39 名
世界史は人生に役立つだろうか？	21 名	54%	10 名	26%	8 名	21%	39 名

3　授業実践①　レシートを活用した世界史の導入

授業目標「歴史がどのようにして創られるか理解する」と，メインク
エスチョン「歴史は事実で構成されているか？」

(1)　授業の概説と目標

　本実践を行ったのは私が教員2年目の時である。この授業を思いつい
た経緯としては，ソーシャルメディアサービスでも有名なTwitter上に
おいて，ある教員アカウントが世界史の授業の導入でレシートを使用し
たというツイートからアイデアを得ている。レシートを使えば歴史家が
史料から歴史を創ったり，推論したりする過程を追体験することができ
ると考え，授業づくりに取り組んだ。
　授業の目標は「歴史がどのようにして創られるか理解する」，メイン
クエスチョン（以下MQとする）は「歴史は事実で構成されているか？」
である。この授業では歴史が創られたものであるからこそ，どのように
見るべきなのか，考えるべきなのかという歴史の学び方を学ぶ授業とし
て実施しており，教科書の内容をそのまま暗記するのではなく，書かれ
ていることをどのように深めていくのか，学ぶべきなのかに気づかせる
ことがポイントである。

(2)　実践内容（1時間）

　本授業50分間，世界史を初めて学ぶ生徒に実施している。そこで導
入として，歴史とはいったい何か，今後歴史を学ぶ中でどのように学ぶ
べきかを皆に考えてもらう授業であることを伝え，さっそく生徒に中学
生の時に勉強した歴史用語で覚えていることは何かを挙げてもらった。
　生徒からはコロンブスやインダス文明など基本的な用語が多く出てく
るものの，その内容について説明できるかどうかは上記で示したアンケ

ート結果の通りで，用語のみを知っているか，また暗記したためか間違った知識として出てきた部分が多かった（コロンブス＝世界一周した人など）。歴史用語の持つ意味までには多くの生徒が至っていないと言えるだろう。そこで，生徒から出た用語（今回の授業ではコロンブス）を使い授業を進めていった。教科書にあるコロンブスの記載のページを開かせ，生徒にコロンブスの説明文を読んでもらった。次に，「コロンブスは今から何年前の人か？」という発問から，500年ほど前であることを確認したうえで，「なぜ，500年前の人物についてこの教科書は説明できるのか，なぜ，そんな前にいた人のことがわかるのか」と発問した。これに対して生徒は「絵本がある，昔話みたいに伝わっている，石板に残されている」など，おおまかに過去の話が人伝えに伝わっているパターン①と，過去のものが残っているパターン②を挙げてきた。そして次に，実際このような歴史はどうやって残されているのかを考えていくことを告げ，ワークシートを配り本題に移った。

　ワークシート（図9-2）には授業目標とMQがあるので今回の学びの狙いを確認し，次に資料1と2を配布，資料は私が実際に購入した二ヵ月分のレシートを貼ったもので，生徒には知り合いのAさんとして紹介した。生徒からは「これが歴史の授業？」と疑問を持つ声が多数聞こえてきたが，必ず最後に結びつくから取り組んでみてと声をかけた。

　最初の作業として，生徒にAさんの好きな食べ物を読み取ってもらった。レシートから情報を読み取る練習として設定しているが，これだけでも勉強を苦手とする生徒には取り組みやすく，様々な推論を引き出すことが可能であると考えている。生徒にはまず個人でこれらの読み取りを行わせ，3分後に読み取ったことを発言してもらうことを伝えた。その際には根拠であるレシートの番号を言うように伝えている。

　3分ほどで生徒から挙手及びこちらの判断で引きつけたい生徒を当てた。普段の授業よりもレクレーション感覚での授業に感じたのか，学習に困難な生徒も積極的に取り組んでいたと思う。この作業1では生徒の

図9-2

世界史B　ワークシート1

年　組　番　名前

◇歴史とは何か◇

授業目標　歴史がどのようにして作られるか、理解する

メインクエスチョン　歴史は事実で構成されているか？

○　Aさんの二ヶ月分のレシートから、この人の歴史を読み取りましょう。

・作業1　Aさんの好きな食べ物は何か？根拠も書きましょう。（資料～の～番など）

・作業2　Aさんはどの辺に住んでいると分かるか？根拠も書きましょう。

・作業3　Aさんは資料からどんな生活をしていそうですか？まとめてみましょう

⇒(1)資料を読み取り、事実であると思われることを推測

問　歴史は事実で構成されていると考えるか？理由も加えて書いてみよう。

裏面に感想お願いします！

中からパスタが多く挙げられた。生徒は「コンビニでペペロンチーノばかり食べている」と友達と話し，作業しながらも楽しんでいる様子がう

かがえた。実際，私の好きな食べ物はパスタであるため，多方の生徒は
こちらの狙い通り，レシートの傾向をしっかりと見つけることができて
いた。

　次に，Aさんが住んでいる場所について推測する作業2に取り組んだ。
作業時間は3分とした。これを判断するためにレシートのどこを見るべ
きか考えて探す必要があるので戸惑う生徒もいると思ったが，周りと相
談しながらでよいと伝えると，すぐに判断がついていた。生徒は「この
コンビニは来店回数多いね」と相談しあいながら，生活用品の購入場所
を見て推測できていた。また，レシートの下にある購入場所から，ある
程度の居住地域を推測できることに気づいたので成功である。

　作業3ではAさんの特徴（何人家族かなど，私生活について読み取
れること）についてあげてもらった。生徒からは灰皿の購入から喫煙者
である，ガソリンを入れているので車を持っている，食料から一人暮ら
しである，金遣いが荒い，コンビニ生活，趣味でバーベキューをしてい
るなど，様々な気づきがあった。生徒はレシートから読み取るという行
為に対して楽しみながら取り組んでいた。中には作業の進んでいない生
徒もいるので，机間指導の中でどこを見るといいかといったヒントや，
全体に「○番のレシートは面白い情報があるかも」など声をかけるなど
行いながら進めていった。

　作業3の後に本授業の本題に入った。レシートから導き出したものは
果たして事実であるかどうかである。問いかけを行うと生徒からは「事
実とは言えない」という発言が多く出てきた。そこでさらに何故事実と
は言えないのかと問いかけた。生徒の回答は「あくまで推測である」か
らなど，こちらの期待した回答も含まれていた。そのあとワークシート
の(1)を板書し，生徒にはワークシートの問を考えて記入してもらった。
その際に今後世界史の授業を通して「なぜ教科書にはそう書かれている
のか」「なんでそう言えるのか」を考えながら学んでいくことを伝え，
授業は終了した。

(3)　生徒の感想と本授業についての考察

　本授業を考察していく上で，生徒にワークシート裏に書いてもらった感想の一部を紹介する。マイナスの感想としては「いまいちよくわかんなかった！　もう少し分かりやすい授業をして欲しい，でも楽しい授業でした！」「理解は余り出来なかった（なぜ，レシートでやろうと思ったのか）。ただ，車が運転できるなどの自分とは違う視点から見えることがあるのが面白いと思った」「グループ活動が出来てないから，一人で考えるのが大変だったけど，考えることができた」「わからなかった，わかりません，むずかしい」などがある。生徒の雰囲気を理解してもらうため，そのままの文で載せている。

　プラスの感想としては「隅々まで見ないと分からないところもあった。身近でも歴史が構成されていることが分かった。近い存在で例えられたら分かりやすいなと思いました」「レシートを見るだけで，その人の好きなもの，どこに行ったかというのがしれて面白いなと思った」「今回の授業を通して，もともと歴史は証明されているから絶対なんだろうなと思ったけど，100％そうとは言えないんだろうということが分かった」である。

　史料の読み取りは推測の域をでないことに気づかせることで，歴史を学ぶときにどのような視点で見る必要があるか，考えなければならないかといったポイントについては大まかに達成できたと思うが，一部レシートによる授業の意図を理解させることが出来なかった部分がある。また，個人で授業するよりもグループで活動したかったなどの意見もあり，生徒の中にはグループ活動を望む者もいることが分かった。一番の課題としては，「楽しい」で終わってしまい，本授業の意図を理解してもらえなかったところだろう。作業をする中で，またはまとめなどで授業目標について気づかせることができるような工夫や問を考えていく必要がある。また，評価の仕方としては授業中の発言とワークシートの記述内容による ABC の三段階という古い手法であったため，ルーブリックな

ど，改善していく必要があるだろう。

4　授業実践②　履歴書を活用した諸子百家の見方と考え方

授業目標「1春秋戦国時代の歴史的背景を理解する，2諸子百家の各思想を述べることができる」と，MQ「各王たちは何を基準に諸子百家を採用したのだろうか」

(1)　授業の概説と目標

　この授業を着想した経緯は大学生時代に講義を受けている際，先生が「諸子百家の活動は今でいうなら就職活動のようなものだった」という発言があり，履歴書を作成して採用する授業を思いついた。実際，実践した本校の生徒は6割が就職することもあり，身近な履歴書と歴史の授業を組み合わせることで引きつけられる点や，採用する側として当時の時代背景を踏まえて，どのような視点で考えていたか気づかせることができるなど，歴史の見方・考え方を身に付けるうえで有効であると考える。

　また，レシートの授業はあくまで世界史の導入として，歴史の学び方を学ぶ授業である。その後の授業で歴史が暗記ではなく考える科目である取り組みが必要となるため，その後の授業の一例として読んでいただきたい。

　本授業は2学年世界史Bにおいて，上記のレシートを使用したクラスと同じ2クラスで実施した。この授業は全4回で構成しており，本報告はAクラスのものとする。一回目に諸子百家を理解するための背景として，春秋戦国時代の講義と問題プリントを解き，基礎知識を身に付けさせた。この時間は普段の授業に加えて基礎知識の定着を図った。教員視点では1回目の授業の準備段階であるが，生徒には次回から3回構成の授業を実施すると伝えている。2時間目に，各班は諸子百家につい

て定められたテーマをもとに，調べ学習を行い，まとめプリントに記入
させた。テーマは「墨家・法家・儒家・兵家・道家」とし，これらをテー
マとしたワークシート（図 9-3）を用意している。どの班がどの思想
家を担当するかは時間の関係上もありこちらで振り分けている。3 時間
目にはグループに分かれ，振られた諸子百家に関する履歴書を作成，4
時間目で自分の班以外の班の履歴書を読み，採用したい諸子百家を決め
るという構成である。

　また，本校の特徴として授業開始の時間になかなか授業が始められな
いこともあるため，各授業の最初 5 分は生徒を落ち着かせる時間として，
その 5 分間は省略して本文を執筆していることをご了承いただきたい。

(2)　実践内容（全 4 時間）

【1 時間目】

　1 回目の授業では，普段の講義形式の授業に加え，諸子百家の基礎知
識を深めるために問題集を解かせ，歴史用語を押さえさせた。講義の中
では諸子百家の背景を理解してもらうため，戦国時代の状況や各国の立
ち位置などに焦点を当て，諸子百家が誕生してどのような影響を与えた
か，秦の法家採用と秦の春秋戦国時代の統一までを扱った。また，次回
から諸子百家に関するグループワークを 3 回立てで行うので，できるだ
け休まないように伝えた。

【2 時間目】

　授業最初の 10 分は 3 回の授業の見通しと狙いを説明した。3 回構成
の授業であり，本日の内容，次回の内容を説明し，その中で，各班一つ
諸子百家の履歴書を作成し，それが班員の授業評価となることを伝えた。
この時，何を学ぶのかわかりやすく伝えるため KP（紙芝居プレゼンテ
ーション）法を使用している。本校の生徒は突然の状況や変化に弱いと
ころもあり，できる範囲で見通しをもたせた。授業の中で班員と協力す

る必要や班の評価が自分の評価となることを理解させ，授業に対して積極的に参加を促す狙いである。

図9-3

作業シート　儒教　　　　　【教科書44p　資料集】

孔子とは何者か？儒教とはいったい何か？

・春秋戦国時代に活躍した諸子百家の一人
・孔子により形成された思想を儒教という
・仁と礼に基づく理想社会を実現するため，各国を回り王に会った。

孔子の生い立ち
・春秋時代の末期，前552年（前551年説もある）に魯という小国に生まれた。
・前510年，私塾をつくり弟子の教育を始めた。
　その業績を認められ国政に携わって司法大臣の仕事に就く。
　⇒その際に政争に巻き込まれ失脚，魯を離れて諸国を流浪する。
・14年間の苦難を重ねながら思想を深めた。
・前479年に73歳で亡くなるまで三千人の弟子を教え，馬車に乗り，様々な国で教えを説いた自由人であった。

儒教とは何か？
・仁　人を思いやることの大切さを説き，
・礼　仁を具体的な行動で体現すること，人間の上下関係で守ることなど。
・義　私利私欲にとらわれず，自分のすべきことをする

孔子の理想政治
・世の中で一番小さな社会は家族である。家族が平和になれば，国も平和になると考えた。
・そのために，家族の中の序列や道徳を政治に当てはめようとした。
　臣は君に従い，君は臣が従うように仁や義をもって，ついて行っても安心できるような人でなければならないと考えた。
　⇒君（王）も，いろいろ勉強をして，人間として一人前になることが大事。そうすれば臣（部下）や民衆もついてくる。
　臣（部下）は君（王）の言うことには従い，敬うことが大事である。

著作物
『論語』『春秋』

孔子の基礎理解

☆各問に答え，埋めなさい。

問1　孔子の　名と氏は何か。

問2　出身国はどこか

問3　いつ生まれたか

問4　いつ亡くなったか

問5　弟子は何人いたか

問6　孔子の思想の一つ，仁では何を大切にするべきと考えているか

問7　何故，礼が大事なのか

問8　義とは何か

問9　国が平和になるためにはどうすればいいと考えているか

問10　君子はどうあるべきと考えているか

　次に，授業目標「1春秋戦国時代の歴史的背景を理解する，2諸子百家の各思想を述べることができる」と，MQ「各王たちは何を基準に諸子百家を採用したのだろうか」を提示した。グループ分けはちょうど修学旅行の時期でもあったため，5分ほどかけて修学旅行のグループ（3〜4人）で班を作った。その際，学力差・休みの生徒がいるため，調整として教員側で班員の移動などを行い基本4〜6人グループになるように作成し，合計6グループとした。

　グループを分けた後はリーダーを決め，残った時間（30分程）で各グループ基礎知識定着シートの記入を行った。いきなり諸子百家の履歴書を調べ学習で書かせたとしてもうまくいかないと考え，事前に教員のほうで要約したシートを用意した。シートは諸子百家に合わせて5種類

作成し，シートの左側には班が担当する諸子百家の概説を載せ，右側に
それらの情報に対して答える設問を載せた。右側の設問に回答すること
で自分たちのテーマである諸子百家について理解を深める事が可能であ
り，設問が次回の履歴書作りにも対応している。

　ワークの設問に対して記述する際には，できるだけ全員で協力できる
ように班員で設問ごとに役割分担をするように指示をした。設問の難易
度なども口頭で説明し，学習に困難を感じている生徒は比較的簡単な設
問に班員で忖度しながら振り分け，実際，ほとんどの生徒がグループで
協力しながら記述している様子がうかがえた。ここは本当に生徒の協力
的な姿勢に感謝した部分である。

【3時間目】

　3時間目に，各グループでの履歴書作りを行った。実際に王に提出す
ることを想定し，各グループで協力して記入する形式をとっている。そ
の際グループ内で記入の担当範囲を決め，記入した部分を切り取って提
出用のワークプリント（図9-4）に貼り付ける方法をとった。本校の生
徒は作業など，ものを作ることは得意，または好む傾向にあるため多く
の生徒が積極的に取り組んでいた。中でも学習に困難を感じる生徒はこ
のような部分で班に貢献しようとする様子が見られた。

　履歴書を作成する流れについては，前時間で作成した基礎知識定着シ
ートを活用しながら，補足として複数の資料集及び教科書のコピーを用
意している。ほかにもスマートフォンの使用を許可してインターネット
で調べることも可能であると伝えており，作業に入ると全班ともリーダ
ーの指示のもと，順調に作業を進めていった。興味深く感じたのは，普
段の講義形式では教員が指示をしてもなかなか授業に参加しない生徒
も，自分の役割が定まっていることもあるためか，学歴・経歴の欄を知
識定着シートを見ながら埋めていた。早く終わった生徒には教員の手伝
いとして，履歴書用の写真（諸子百家の顔写真）を切る作業を手伝って

もらい，各班に渡してもらった。

図9-4

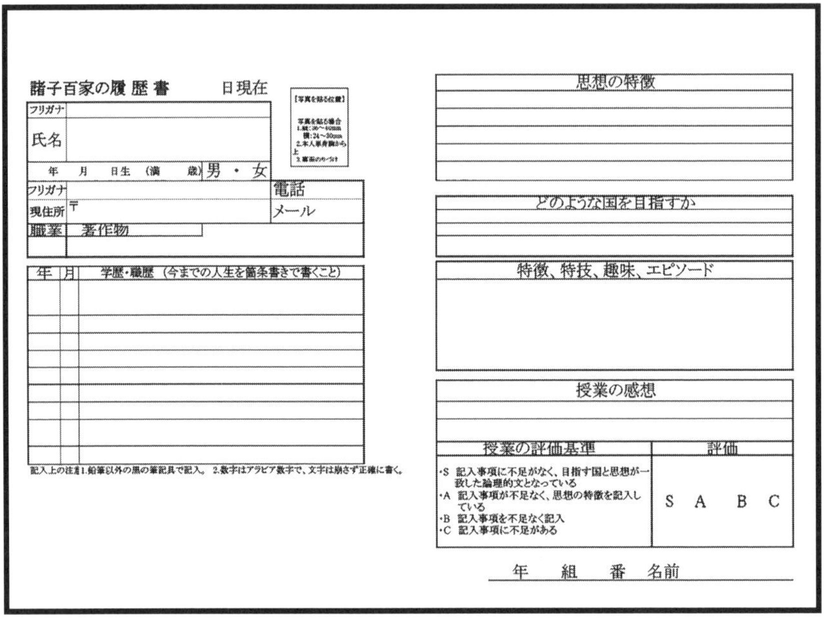

諸子百家の履歴書　日現在

フリガナ	
氏名	
年　月　日生（満　歳）	男・女
フリガナ	電話
現住所 〒	メール
職業	著作物

【写真を貼る位置】
写真を貼る場合
1.縦:36~40mm
横:24~30mm
2.本人単身胸から上
3.裏面のり付け

年	月	学歴・職歴（今までの人生を箇条書きで書くこと）

記入上の注意1.鉛筆以外の黒の筆記具で記入。2.数字はアラビア数字で、文字は崩さず正確に書く。

思想の特徴

どのような国を目指すか

特徴、特技、趣味、エピソード

授業の感想

授業の評価基準	評価
・S 記入事項に不足がなく、目指す国と思想が一致した論理的文となっている ・A 記入事項が不足なく、思想の特徴を記入している ・B 記入事項を不足なく記入 ・C 記入事項に不足がある	S　A　B　C

年　組　番　名前

【4時間目】

4時間目，最後の授業は3回目に作成した履歴書をもとに実施した。各班に他班の作成した履歴書のコピーを渡し，自分が採用したい諸子百家を1人決めてもらった。その後，図9-5のワークシートを各自に渡した。そして，班員で話し合って班で採用する諸子百家を1人決め，何故採用したか理由を決めた。次に，班で採用した思想と理由を黒板に書かせ，班の代表者（リーダーとは別に）に全体発表をしてもらった。

Aクラスでは6班中の4班が墨子の思想を採用するといった結果となった。他に老子と法家が1班ずつであった。詳細に関しては次の考察で述べることとする。そのあと,他班が採用した理由に対して感想を書き，授業の感想と授業目標を達成したか，感想欄に記入する形で終えた。同じく感想についてはこの後の考察で述べさせていただく。

図9-5

ワークシート5　諸子百家を採用しよう！

年　組　班　名前

1　自分が王ならどの諸子百家を採用するか考えよう。

採用する際の注意事項

・自分が王であったら、どんな国民になって欲しいか

・戦乱の時代で常に戦争をしていることを意識する

・どうやったら国が平和（治安が良くなる）で、国民が一致団結するか

・自分が採用したのは＿＿＿＿＿＿＿＿＿＿＿＿

・採用した理由

2　班で採用する諸子百家を決めよう

・班で採用したのは＿＿＿＿＿＿＿＿＿＿＿＿

・班で採用した理由

3　他の班の採用理由を聞いてどう思いましたか

4　最初に自分で採用しようとした諸子百家から、他の班の意見を聞いて変更しようと思いましたか？

(3)　生徒の感想と本授業についての考察

　生徒の感想を踏まえて考察していく。上記で述べたように，Aクラスでは多くの班で墨子の思想を採用するといった結果であり，感想や授業中の発表からも平和というワードや，戦いや戦争に対して否定する内容

141

に生徒が採用基準を置いたことがわかる。しかし，歴史的な背景を踏まえた感想や記述が少なく，現在における価値観で戦争は良くないものであると判断している様子がうかがえ，歴史の見方としては生徒に伝えきることができなかったのではないかと反省が多い。感想を細かく分析していくと，マイナスの感想では「よくわからん・難しかった・つまんない（爆笑）」「なんにもしていない」など，複数回にわたる授業もあり，生徒の中には意欲的に取り組むのに困難な様子も見られた。もう少しコンパクトに授業を構成する方法など考えていきたい。

　プラスの感想では「自分らとは違う部分に注目してより興味を持った」「いろいろな班の発表を聞いて，考え方が違う思想を知れた」「同じ思想家を選んでも，選んだ理由に違いがあることを知れたのは良かった」「自分が王の立場であれば，どのような選択をするかわからない，正直判断が難しいと思った」「今後の歴史に関して，そして自分の考え方を変えていきたいなと思いました」「ほかの班の意見を見ても，平等や平和を求めていることがわかりました」「それぞれの思想への理解が深まり，各王たちが採用した理由をよく理解できた」「一人ではやる気でないこともできた。グループ活動最高」など，肯定的な意見やグループ活動の意義を感じる感想が大半を占めていた。教員の顔色を窺っての感想であることを否定できないが，多様な見方や考え方があること，同じものを見ていても解釈に違いが生じることもあると知れた点で，思想家に対して講義形式で授業をするよりは理解を深めることができたといえるだろう。準備の時間がかかる授業ではあったが，生徒の感想を見る限りはやったことに意義はあったと考える。

5　歴史教育の根本を忘れずに身近な素材を活用する

　レシートを活用した理由は，身近な素材から歴史に興味を持たせつつ，歴史は事実であるわけでなく，複数の解釈から正しいと判断した集合に

より作られていることを理解してほしいという思いがあった。

　履歴書を活用した理由としては，同じく身近な素材から歴史に興味を持ち，そのうえで当時の背景を踏まえてどのように私たちと同じ人間が考えて行動したのかを考えてほしかったからである。

　様々な現代の諸課題を考え，判断していく中で，歴史的な背景を踏まえて思考することは，社会の諸事象を判断し，自身のより良い生き方を選択する力となる。少しでも歴史を学ぶ意義が存在することを生徒に感じてもらうためにも，教育学的理論や歴史学的な要素も大事であるが，歴史に興味を持つことと，考えることの楽しさを理解してもらう必要があると考えている。

　民主主義の根幹や公教育，市民教育としての歴史に重きを置く人には，幼稚に聞こえるかもしれないが，学習意欲の低い高校生にとっての歴史を学ぶ理由として考えるには遠い世界に聞こえてしまう。私自身も一時期は大学で学んだ歴史学的事実が最重要であると考え，様々な歴史的思考力に関する本を読み，実現しようとしていたことがある。しかし，それだけでは高校生が学ぼうとするか疑問が生じた。学校色や生徒像にもよるが，世界史のオリエンテーションにおいて世界史を学ぶ意義について説明する中で「世界史は間違いを繰り返さないために大事だ」，「グローバル社会では世界史は必要な最低限の知識として勉強しないといけない」では生徒が学ぶきっかけにはなりづらい。

　学びの入り口として大事なのは，世界史の授業が面白く，勉強してみようと思うことをきっかけとして，生徒一人ひとりが自分なりに世界史は大切だという感覚を養っていくことではないだろうか。その上で，様々な理論に基づく授業が高校生に受け入れられ，世界史を学ぶことが必要と感じられ始めるのではないだろうか。今回の実践はその点を意識したものであり，身近なもので歴史について考えることを体験させ，歴史は暗記ではなく，考える科目であることに気づいてもらうことに重きを置いた。正直，このような授業は歴史の授業ではないと考える人もいるか

もしれないが，まずはいかにして歴史に興味を持たせるかが始まりに必要だと思っている。

　今回の実践は勤務校での学力層に合わせて難易度は落としている。他校で実践する際にはより複雑にすることも，生徒に考えさせる問のバリエーションも増えることだろう。本論を読んでいく中で私ならこうするといった考えも出てきたのではないだろうか。ぜひ，この実践例を起点として読んでいる先生方の勤務校にあった授業方法のアイデアにつながれば幸いである。

第 10 章

日本型イエナ・プラン教育を実現する教育方法の理論と実践
——勝田台中学校の合科学習の実践を手懸かりに
＜中学校＞

高橋洋行

1　はじめに

　本章では，「総合的な学習の時間」及び「総合的な探究の時間」における教育方法の理論と実践について検討する。具体的には，「主体的・対話的で深い学び」の実践によって，生徒による探究的な見方・考え方を動機付けと共にどのように生み出しているのか，また生徒が実際の社会や日常生活の中から学習に対する問いを見出し，自ら課題を立てて情報を収集し，整理・分析していくプロセスについて，一つの実践事例を元にそのメカニズムを明らかにしたい。

　中学校の学習指導要領および高等学校の学習指導要領はそれぞれ 2017 年（平成 29 年），2018 年（平成 30 年）に改訂され，いわゆる総合学習は，学校教育においてより深い学びが求められ，生徒の自主的な知識の獲得に重点が置かれるようになった[1]。

　これは AI（人工知能）の導入や Society5.0 と呼ばれる科学技術計画や GIGA スクール構想が教育界に導入される一方で，これからの AI 時代を生き抜く人類に対する教育を今後どのように公教育によって保障していくかという課題が提示されている[2]と言ってよいだろう。こうした学校教育に対する社会的要求により，今日求められる総合学習の実践方法はより複雑な授業プランが求められるようになったと思われる。

本章で検討する千葉県八千代市にある勝田台中学校の実践は，国語科と社会科の合科授業である。この実践記録は22年前のものであるが，その方法論には，今日の総合的な学習の時間等の実践に求められる要素が多く含まれている。

　詳細は後述するが，この実践は提示される課題について，生徒が自分なりの解釈を促す学習方法が実践され，単なる課題内容の理解に留まらず，生徒の思考力まで引き出している。また国語科と社会科の双方からの教科的アプローチがクロスカリキュラムとして位置づけられ，ティームティーチングも実践されている。また生徒それぞれの気づきや発想をポートフォリオとして記録させ，長期的な学習計画（14時間）における最終のまとめとして自己学習の成果を客観的に評価させる方法も取り入れている[3]。

　こうした一連の学習方法は，欧米におけるいわゆる生徒の自主学習を教師がファシリテーションする授業実践に類似している。例えばフランスのフレネ学校での実践や，近年ではドイツを発祥としオランダで実践が行われているイエナ・プラン教育にも，それぞれの国の方針が反映されているとは言え，自己学習の方法が盛り込まれている。特にイエナ・プラン教育には，生徒を中心とした授業実践や環境が整えられており，「会話」「遊び」「仕事」「催し」といった4つのサイクルを中心に学校活動が組織され，学校で学ぶ知識やテーマについて総合的かつ集団的に取り組む環境が与えられている[4]。本論で取り上げる実践においても，このイエナ・プラン教育とその基本構造は同じである。

　こうした昨今の教育的流行を踏まえた上で，1999年に公開授業として実践された勝田台中学校における合科授業の実践事例（実施クラス中学2年生）およびその方法論について検討したい。この実践は現行の学習指導要領に示されている「主体的・対話的で深い学び」に繋がる事例でもあるため，この事例検討を通して，今後の学校現場における実践の礎となれば幸いである。

2　勝田台中学校の合科学習の実践に見る「探究型学習」の実際

　この授業は，1999 年（平成 11 年）に行われた勝田台中学校での公開研究会において，国語科と社会科の合科授業として公開された。本授業には，国語科と社会科双方の教科目標（表 10-1）が設定されている。

(1)　合科（国語科・社会科）による教科目標

表 10-1　国語科・社会科の教科目標
出典：平成 11 年度八千代市立勝田台中学校公開研究会：学習指導案 1 頁 [3)]

- 社会科 -
(1)　生徒が，計画的，総合的，そして継続的に意欲を持って，学習に取り組めるための学習内容・学習方法（形態）の創造
- 学習内容と学習方法の統合・クロス -
(2)　指導と評価の一体化における工夫・改善及び，実践
- 自己評価・他者評価・相互評価・ポートフォリオ評価（生徒）
- 形成的評価・観点別段階重層評価・ポートフォリオ評価（教師）
- 国語科 -
(1)　子供の活動を活性化するための支援のあり方を追求する。
(2)　聞く・読む・話す・書く力を伸ばしていける授業をめざす。

　この授業の単元名は「古人と出逢い，そして，自分探しの旅へ」と題してあり，上記教科目標の内容を見る限り，教材や学習の基本的到達度は，国語科の内容に依拠している。現にこの単元の目標は，1）作品だけでなく，作者の生きた時代の文化に関心を持つことができる，2）様々な “であい” のなかから「自分のものの見方や考え方」を深めることができる，3）自分の考えを明らかにし，豊かに表現（書く・話す・聞く）することができる，4）時代と作者・作品名を，的確に理解することが

できる，5）原文の冒頭（印象に残った部分）を暗唱することができる，となっている[3]。

またこの5つの目標とは別に，国語科・社会科の合科的な目標として「古人との出逢いによって，自分の生き方（生活）をあらためて考えることができる」という項目が付け加えられている。この総合的な目標を設定することで，古人が詠った詩の内容から当時の暮らしと，生徒が生活している現在の状況とを比較することで古典の関心を身近にする意図が見られる[3]。

(2) 合科授業による学習計画

この授業の学習計画は総時間数が14時間となっており，それぞれの単元名と時間数は以下の表10-2に示す通りである。

表10-2　学習計画表
出典：同上資料，学習指導案4頁[3]を参考に筆者が作成

1）とらえる（出逢い，興味）：【3時間】

・作品との出逢い・（学習）問題の開発，選択

・各自の問題に関する折衷，決定

2）深める1（関心）：【2時間】

・各自のテーマの探究1

3）広げる（拡充）：【2時間】

・グループ討議，及びTT（協力教授）での面接

　［これにより，新たな問題の深化・発展］

4）深める2（価値観形成・態度変容）：【4時間】（本時3／4）

・各自テーマの探究2

5）表現・吟味：【3時間】

・プレゼンテーション・課題や学習方法に関する自己評価

まず冒頭の3時間を使い，与えられた教材についての個々の興味・関

心を見出すことから始まる。次にその関心事から何を探究するのかについて各自で調べてまとめる時間として2時間が設けられている。その後，グループ討議や個々に面接を行い，調べたことを発表する2時間が与えられた後に，それぞれの課題に対する答えを導き出す4時間分の単元へとつながる。本時の活動はこの単元の第3週目に該当する[3]。

　単元名は「古人との出逢い，そして，自分探しの旅へ」と題し，本時の目標は1）自分の学習問題をしっかりと捉えながら，活動することができる，2）主体的に，且つ，自分らしく問題解決しようとすることができる，3）「わかったこと」「わからないこと」を明確にすることができる，である。実際の展開は次ページの【表10-3】の通りである。

　この授業のテーマは学習計画にある「深める1」に相当し，テーマとして，「自分のテーマについて学習を深め，自分の考えをまとめよう」と題してある。生徒が扱う題材は国語科で学ぶ古典を中心に，①万葉集，②徒然草，③枕草子，④源氏物語，⑤古今，新古今和歌集，⑥平家物語，⑦奥の細道，⑧漢文（唐詩）となっている[3]。

　本時の実践として注目すべきは，学習内容の方向性を示し，単なる「調べもの学習」に陥らないための工夫が示されている点である。まず，「1．テーマができる限り，自己の生き方，または，身近な生活とマッチングする」という前提のもと，学習主体である生徒が日本の古典文学作品を調べるというものである。これは作家の思いや作中人物に思いを寄せることによって習熟度をあげるという新たな学びの方向性を示していると思われる。次に，「2．深める2ということで，より発展的なテーマを開発させる」，「3．"ひと"を中心に据える」などの方向性には，作品そのものをそれぞれの時代のものとして位置づけるだけではなく，当時の時代背景や，生活そのものを現在の生活と比較させることで，歴史的かつ比較的な観点からも学びを引き出そうという社会科教育的側面も見られる。

　さらに，同じような学習テーマを持つ生徒同士を1～3人程度という

表10-3　展開
出典：同上資料，学習指導案4～5頁を参考に筆者が作成

過程	学習内容	支援（〇）と評価（・）
導入		
	「深めるⅡ」自分のテーマについて学習を深め，自分の考えをまとめよう	
展開	【予想される学習テーマ】 ・琵琶法師になったつもりで平家物語を読もう。 ・徒然草と枕草子を比較し，吉田兼好と清少納言のものの見方を比較しよう。 ・清少納言の「いとおかし」と現代のものとの検証をしてみよう。 ・松尾芭蕉の旅はどんなものだったのか。 ・平氏の生き方と源氏の生き方の違いから平家物語をもう一度，読んでみよう。 ・万葉集，古今，新古今 三大和歌集を読み比べ，その時代の生き方を調べる。 ・唐詩が，いかに古文に影響を与えているのかを様々な角度から考える。 方向性として 1．テーマができる限り，自己の生き方，または，身近な生活とマッチングする。 2．深める2ということで，より発展的なテーマを開発させる。【子どもありき】 3．"ひと"を中心に据える。	〇同じ方向性を持ったテーマを設定した生徒同士は，ユニットを組むようにアドバイスする（事前に，調べ一覧表を提示し，仲間の情報を与える）。 ユニットは2～3名程度。一人でも許容。 ＊学習内容，方法等に関しては，前時にて個々の生徒が決定している（学習カードにて教師はチェック済み）。 【評価】本時の学習問題を把握し，主体的な活動ができているか。 【評価】プレゼン（まとめ）をイメージしながら，学習ができているか。 ＊テーマの方向性により，国語Tと社会Tのそれぞれが担当する生徒，及びユニットを決めておく。担当外の生徒でも，自分の教科に関わる質問などについては随時積極的に支援を行うこととする。（前時との継続支援援，援助シフト体制等）。 ＊ゲストとの活動は，事前に内容などの連絡を取り，連絡をしておく。

	自己テーマについて学習を進める。 『題材』 ・万葉集　・徒然草　・枕草子 ・源氏物語 ・古今，新古今和歌集 ・平家物語 ・奥の細道 ・漢文（唐詩） （2，3年生で扱う教材を今後2年間で使う） 【予想される内容】 1. 読む ・原文　・参考書　・資料集等 2. 聞く ・先生　・ゲスト　・仲間 3. その他 ・ビデオ　・パソコン等 自分の考えをあきらかにし，学習の成果を豊かに表現する。	（深める1から継続的な学びの中で，一人ひとりの変容をもとに，学習問題作りを支援，指導していく。） ○広く，深く情報を求めることができるように様々な資料を準備しておく。 （活動場所は1.国語室，2.社会科室，3.多目的室《隣接》。全てに設置準備） ・生徒の表現活動に際し，次の事項について指導する。 ア，自分なりの考えを表現の中に盛り込むこと イ，聞き手，読み手を意識した分かりやすい表現を行うこと ウ，これまでの社会や国語の授業で行ってきた，各種多様な方法を参考にして魅力あるプレゼンテーションを行うこと
まとめ	【予想される学習方法】 1. 書く ・プリント（レポート）　・新聞　・漫画 2. 話す ・説明　・検討（コミュニケーション） 3. その他 ・音読　・紙芝居　・ペープサート ・スキット	・内容的な部分でのポイントを押さえることができているか。 ○情報交換や交流の中から形成的な評価を行わせる。 1，方向性として，比較的弾力的，開放的な雰囲気の下，暖かみのあるコミュニケーション型の相互評価をベースに考えている。 2，形態として，ア）対生徒同士　イ）対教師　ウ）自己内，の3つをマッチングさせて生きたいと考える（ポートフォリオ評価）

小集団で構成させ，意見の表出と集約をシンプルにする工夫がなされている[3]。これはプレゼンテーションや学びの集約（まとめ），評価などを迅速に進めるための工夫であると思われる。

3　学習のメカニズム

　この学習計画に基づいて実践された国語科と社会科の合科授業は，双方の教科カリキュラムを単元ごとにクロスさせることで，総合的な学習の時間として実践されている。ここではこうした実践を可能にしている学習内容及び方法論について，その具体的な理論構造（メカニズム）について検討したい。

(1)　合科（国語科・社会科）の意義とその有用性

①　国語科からのアプローチ
　この合科授業には国語科，社会科それぞれの教科アプローチが公開研究会資料（学習指導案）に載せられている。表の 10-1 に示した，国語科の研究目標にある「(1)　子供の活動を活性化するための支援のあり方を追求する。」には，これまでの画一的な授業方法から脱却し，より生徒自身を教材に対する「表現」と「理解」に向き合わせ，国語表現に関する学習方法を捉え直そうとしている意図が込められている[3]。
　またグループ学習などを通して，言葉を意識したコミュニケーションの力を育むことに主眼を置き，研究目標(2)に示されている「聞く・読む・話す・書く力を伸ばしていける授業」を養いながら「伝え合う力」の育成を挙げている[3]。
　一方，本単元で用いられている教材として古典学習が用いられている点にも注目したい。日本文化史を学習するという目標を有している単元は，概して歴史的経緯を把握する為に，与えられた教科書に記されてい

る内容をなぞる学習方法に傾倒しやすい。しかしこうした一般的な学習スタイルに対する課題にあえて向き合い，本来は学習内容やその実践方法について教師がその主導権を握るはずの手法から脱却することを選んでいる。つまり，生徒自身にその学習内容や方法の選択を委ね，個々の興味・関心に沿って学習が出来る主体的な学習スタイルの構築を目指したのである。これは単に発案した教師の独断で行われているのではなく，学習指導要領に記載してあるような古典に対する理解の基礎を養い，古典に親しむ態度を育て，またそうした学習を通して日本の文化や伝統に対する興味・関心を持たせるといった学習目標を忠実に達成しようとしている。

②　社会科からのアプローチ

　本単元での社会科は主に，国語科の古典学習に対する生徒の自主的学習方法やグループ学習に重点を置いたアプローチを試みている。そしてこの単元に携わった社会科教師がこだわったのは「生きる力」の育成という観点から，「社会認識と公民的資質の育成」である[3]。

　ここで求められている社会認識とは「得た情報（事実認識）を俯瞰的，総合的に分析，検証（関係認識）した上で自己の考えや思いを対峙，葛藤させながら形成される意思・価値」と学習指導案上に定めている[3]。

　このような思考過程の育成がいわゆる公民的資質の育成に繋がると考え，従来の教科内容の一辺倒に偏った学習方法の改善に着手することを目標に挙げている。こうした取り組みは国語科のそれと同様に，学習指導要領に示されている，歴史上の人物に対する深い理解や，資料調査等から得られる当時の生活や文化についての知識を得ることで，歴史的事象に対する関心の高揚に貢献する本来の社会科学習の原点に立ち返ろうとする意図が読み取れる。

③ 総合的な学習としてのアプローチ

表 10-4　総合的な学習の目標
出典：同上資料，学習指導案 3 頁

> 　１．自ら課題を見つけ，自ら学び，自ら考え，主体的に判断し，よ
> りよく問題解決していく資質や能力を育てること。
> 　２．学び方やものの考え方を身につけ，問題解決や探究活動に主体
> 的，創造的に取り組む態度を育て，自己の生き方を考えることが出
> 来るようにすること。

　上記２つの目標は，国語科と社会科の学習目標を統合したものではな
く，むしろ学び方やものの考え方についてその思慮深さに気づいて欲し
いという願いのもとに作成されている。

　またこうしたもの考え方や学び方を通して，生徒自身の価値観や態度
を涵養するという視点の下，「子供自身が問いを立てて追求したり，調
べた結果をまとめ，表現する活動を重視する」，「取材，討論，発表会な
どのような，多くのもの，ひと，こととの出逢いを大切にさせた活動を
重視する」といった留意事項が示されている（同上資料，学習指導案 3
頁）[3]。

(2)　文化史段階説にみる学習方法の実践

　一方でこの実践にはより理論的な手法も組み込まれている。それが文
化史段階説である。これはライン（Georg Wilhelm Rein, 1847-1929）が
提唱した教材の選択とその配列に関する理論である[5]。文化史段階説と
は，端的に解釈するとこれまでの歴史を時代順に学ぶことによってより
学習理解が深まるという説[6]であるが，これには類化という段階を経
て理解が深化するという条件がある。類化とは，対象者が新しい知識を
学ぶ上で，これまで獲得した知識を下に理解を深めることである[7]。

　この単元には，「表 10-3　展開」内に示される学習テーマの「方向性

として」にも示されているように，新たに学ぶ日本文化史の内容について，生徒個々人の生き方や現代の様子等と比較して学習するスタイルがある。これは，これまでの日本の歴史の中で先人が残した古典文学について，生徒が知っている現代の事象と比較することでより理解が深められ，日本人としての価値観を知る機会にもなっている。

　これは先述したように，生徒自身にその学習内容や方法の選択を委ね，個々の興味・関心に沿って学習が出来る主体的な学習スタイルの構築に表れている。またこの学習方法は古典に対する理解の基礎を養い，古典に親しむ態度を育てるといった基本的な学びの目標にも繋がる。そして日本の文化や伝統に対する興味・関心が高まるだけではなく，それらについて思考する学習過程を入れることで，本来あるべき学習目標を忠実に再現しようとしている工夫が見られる。

⑶　生徒の思考力育成に見る，ポートフォリオ評価を通した自分の生き方探しが可能な実践

　この公開研究会は研究主題として「子どもが生き生きと活動できるにはどうしたらよいか―１人ひとりの表現の場のある授業を通して―」というテーマが設けられている。これは生徒の自主的な学習に焦点を絞った授業実践を模索していく姿勢の表れである。こうした取り組みの中に文化史段階説のような学習理念が生まれ，生徒の中に自らの興味・関心から成る学習アプローチをもとに学習課題を結びつけて学ぶ環境が形成されたと考えられる。またそうした学習環境が生徒に比較的受け入れられやすい状況も作り出している。そうした環境構成が生徒のポートフォリオにも表れている。

　表 10-5 は各生徒が授業ごとに調べた内容やそのことに対する気づきなどが記されているポートフォリオの一部である。

　この生徒 A は当初の学習指導案上の題材にはなかった御伽草子を取上げ，作中のお話のほとんどが幸せな結末で終わることに着目し，学習

課題としている。こ
の気づきから、御伽
草子の中に編纂され
ている物語の中から
「ささやき竹」の内
容に注目し、登場人
物の姫の心情に共感
した感想などが記さ
れている³⁾。

　結論としてこの生
徒は、この時代の物
語が幸せな結末を迎
えることが多い理由
として、「苦しい生
活をおくりながら楽
しいことを想像して
庶民的な人が書い
た」、「他の苦しい生
活をしている人々に

表10-5　コミュニケーション用学習材（生徒A）

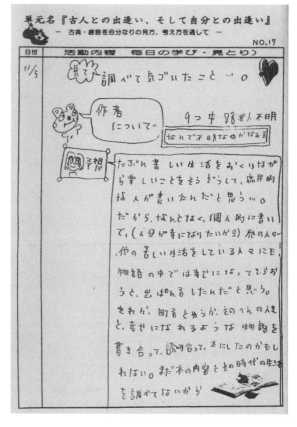

も物語の中では幸せになってもらおうと出版した」、「幸せになれるよう
な物語を書き合って、読み合って本にしたのかもしれない」等の結論を
見出している。その後の単元では、お話の種類（物語、説話、地誌、仮
名書き本）や時代ごとに作品を調べ、作者や当時の庶民の出来事などを
自らの課題と位置づけ自主的に調べていく。最終的にこの生徒が幸せな
結末を迎える物語が多い理由として辿り着いたのは、厳しい年貢の取り
立てにより農民が一斉に蜂起した当時の社会状況の中で、一時の幸せを
こうした物語に求めたのではないかと結論づけている³⁾。
　このように、この生徒が思い悩みながらこのような一つの結論に至っ

た学習過程と経験こそが，これからの将来の中で活かされる，深い学び
へとつながるのではないかと思われる。

4　思考力・判断力・表現力を育む日本型イエナ・プラン教育を模索することの意義と重要性

　この実践記録は，先述したように 22 年前の実践事例であるが，これ
までその実践内容とそのメカニズムには，生徒に自由な学びの機会を与
える教育空間の創造が見て取れる。これは，個々人の権利を尊重するこ
とによる学校空間の解放を意味し，生徒それぞれの育ちや興味・関心に
耳を傾けることで多様な答えが導き出されるとともに，個々のニーズに
則した学習が可能となっている。

　このような実践は，欧米では日常的に実践されている，いわゆるオル
タナティブ教育に含まれる。昨今，注目を集めているオランダで実践さ
れているイエナ・プラン教育もそうした系譜に分類される。こうした生
徒の思考力，判断力，表現力を解放し，従来の紋切り型の学習形態から
脱却する教育方法は今後，日本においても実践されていく必要がある。
ここでは，この実践事例をもとに日本においても実践されはじめた日本
型イエナ・プラン教育の可能性を模索してみたい。

⑴　オルタナティブ教育的アプローチ

　イエナ・プラン教育の詳細については割愛するが，この教育にはイエ
ナ・プラン教育を形づくる「20 の原則」と 22 の概念からなる「理想の
教室（学習空間）」という 2 つのコンセプトが存在している。20 の原則
には人間についてのあり方について 5 項目，社会のあり方について 5 項
目，そして学校のあり方について 10 項目が掲げられている[4]。

　今回の実践事例では，文学作品を学ぶ上で，単なる自由調べ学習に陥
る事のないように，担当教師が生徒の「一人でも多くの子どもにとって

生涯，心に残るような文学の学び」を求めていたことが学習指導案上に記されている。これは従来の学力向上主義を目指す学校教育から，子どもの全人的発達を促す教育へと転換を試みている表れである。

　こうした学校教育の中で子どもの学びをより広く捉え，個々の子どもたちの将来を見据えた教育のあり方は，イエナ・プラン教育のコア・クオリティにも示されている。コア・クオリティには①「子どもの，自分自身との関係」，②「子どもの，他者との関係」，③「子どもの，世界との関係」の３つの観点が存在している。その中の自分自身との関係を表すために，「子どもたちは，自分に能力があると感じられるように得意なことや不得意なことが何であるかを言葉にして表し，向上のために努力する事を学ぶ」とあり，また「子どもたちは自分の発達について振り返り，それについてほかの人と話し合うことを学ぶ」とも記されていることから，この実践による試みはイエナ・プラン教育のコア・クオリティに共通点が多いことが分かる[4]。

(2)　生徒の学習空間の改善

　次に，この実践事例の中で，生徒は授業中，学びに応じて，国語科室，社会科室，多目的室の３つに各生徒が自由に行き来することが可能となっている。特に多目的室では調べる為の情報手段（参考書等）やプレゼンテーション用の原稿作成のための PC など自由に使用できるようになっている。これは限られた空間を用いたオープン・スペースのような形をとっており，また教師間の共通認識として，実践上で担当する生徒をあらかじめ決めておき，それ以外にも担当教科に該当する内容は適宜，対応しながら，３つの教室を巡回することとなっている[3]。

　これはイエナ・プラン教育による, 22 の概念からなる「理想の教室（学習空間）」に示されている「子どもが何かをしたくなるように挑みかけられている教室」環境と生徒の要望に多面的に対応出来る開放的教室空間の創出によって，生徒による多様な学びを保障している[4]。

5　おわりに

上述の通り，生徒の知的好奇心の向上に必要な教育方法や実践事例などは，イエナ・プラン教育にも見られるように，子どもの表現の自由や束縛からの解放といった新教育論に根差している。本章で取り上げた勝田台中学校の実践事例にもあるように，生徒の思考力を引き出すためには，興味・関心を抱かせる教材開発が欠かせないが，生徒自身にこれまで思考してきた経験を問い，過去に経験した思考らしき記憶を掘り起こす作業も同時に必要であると考える。幼少期より，子どもが思考してきた過程には，必ず遊びがあったはずである。そうした遊びの経験が思春期における興味・関心を引き立たせる原動力であることもこうした実践を可能にする要素であると考える。そのためには生徒の発達や興味・関心，過去や未来を見通す教師の視野の広さも今後は重要になってくるのではないか。

注

1)　中学校学習指導要領解説（平成 29 年告示）総合的な学習の時間編，平成
　　29 年 7 月。
2)　高等学校学習指導要領解説（平成 30 年告示）総合的な探究の時間編，平成
　　30 年 7 月。
3)　平成 11 年度千葉県八千代市立勝田台中学校公開研究会資料（学習指導案，
　　コミュニケーション用学習材），1999 年。
4)　リヒテルズ直子『オランダの個別教育はなぜ成功したのか』平凡社，2006 年。
5)　ウィルヘルム・ライン，佐々木吉三郎・山口小太郎訳『小学校教授の原理』
　　同文館，1901 年。
6)　竹中暉雄『ヘルバルト主義教育学　その政治的役割』勁草書房，1987 年。
7)　安彦忠彦編『新版　カリキュラム研究入門』勁草書房，1999 年。

第11章

課題解決型学習で思考を深める
——英語科と総合的な探究の時間を用いた国際理解教育の事例＜高等学校＞

植村利英子

1 はじめに

　川崎市立橘高校は川崎市の中部に位置する，各学年普通科5クラス，国際科1クラス，スポーツ科1クラスの高校である。国際科は「互いの文化を尊重し，国際理解を通して平和を希求する国際人の育成」「国際社会に貢献できるコミュニケーション能力の育成」「探究学習を通した課題解決能力の育成」の3つを目標として教育活動を行っている。

　英語技能の向上を図りながら，世界には多様な文化・価値観があること理解し対話ができる異文化コミュニケーション力と，グローバルな課題を解決する力を育む教育が行われている。

　また，様々な国の人との国際交流に加え，「開発途上国理解プログラム」を企画し，単に知識を得るだけではなくワークショップ（体験学習）や国際理解講演会，国際機関訪問など，校内外で多様な考えを持つ人に出会うことを通して学びを深める場を設けている。そのプログラムでは，1年次に国連のMDGs(Millennium Development Goal)からSDGs(Sustainable Development Goals)に関する学習と「貧困の輪」"Circulation of poverty"を断ち切るにはどうしたらよいかという探究学習を，3年間行う課題解決型学習の基礎として位置付けている。

　このような教育を3年間受けた生徒達は，どのような力が身についた

160

と実感しているのだろうか。卒業を控えた 3 年生にアンケートを実施したところ，次のような声があった。

　「ここでは，ただ国際関係を学ぶという受動的な授業ではなく，それを知った上で自分たちに何ができるか，今後の世界をどう変えていくべきかの具体的な案まで考え，しかも共有・発表するという積極的かつ実践的な授業をうけることができました。また同時に講演会などで様々な考え方をもつ方々のお話を聞くことで，自分の世界が広がっただけでなく，自分自身を見つめ，自分の生き方を考えるような大きなきっかけになりました。将来は 3 年間の学びを活かし，世界平和に貢献したいです。」

　「国際科では 3 年間の学びを通して自分で考えて行動するという機会が多く，初めは先生に言われているから取り組んでいたことも，今では自分からもっとこうしたい，挑戦してみたいと考えることが多くなりました。それは授業内だけではなく，グローバルな問題に対しても同様で，中学の時までは自分なんかに世界を変えることはできないと思っていましたが，今は自分たちが変えていかなければならない，声をあげていかなければならないと考えるようになりました。」

　「国際科で学んだことは，多様な文化や価値観を受け入れることです。色々なプログラムを通して，世界の問題を自分事として考えられるようになりました。将来私は世界の色々な問題を解決できるようになりたいです。」

　新学習指導要領で『総合的な探究の時間』の目標として示されている事柄は以下の 3 つである。

　(1)　探究の過程において，課題の発見と解決に必要な知識及び技能を身に付け，課題に関わる概念を形成し，探究の意義や価値を理解する

ようにする。

(2)　実社会や実生活と自己との関わりから問いを見いだし，自分で課題を立て，情報を集め，整理分析して，まとめ・表現することができるようにする。

(3)　探究に主体的・協働的に取り組むとともに，互いのよさを生かしながら，新たな価値を創造し，よりよい社会を実現しようとする態度を養う。

　国際科で学んだ３年間を振り返って生徒たちが語っていた事柄は，まさにこれらの目標に合致しているのではないだろうか。つまり，彼らは正解のない課題解決型学習を３年間に何度も経験することを通して，自分と実社会のつながりを意識し，自己と，そして他者との対話を通して多様な価値に気づき，自分たちの手でよりよい世界を作るにはどうしたらよいのか，悩み葛藤し新たな価値を創り出していった。「世界の問題を自分事として考えられるようになった」という生徒の言葉の中に，自己を相互主体性の関係の中で反省する力を得たことが見て取れる。

　また，１年次から毎年取り組む探究活動は最終的に英語で発表を行っている。国際科に３科目ある必修の外国語（英語）の授業では，グローバルな問題についてスピーチをしたり，CNN ニュースを題材にディスカッションやディベートをしたり，オピニオン・ライティングをしたり，英語で世界について学び考える機会を多く作っている。新学習指導要領では外国語においても「思考力，判断力，表現力」が重視され，英語で「自分自身の考えをまとめたりすること」「情報や考えなどを適切に表現すること」「情報や考えなどを伝え合うこと」が求められている。総合的な探究の時間と英語科の授業をリンクさせることで，探究する課題に関する生徒の思考を深めながら，同時に英語で考える力や伝える力を伸ばすことができるのである。

2　課題解決型学習を行うために必要なこと

⑴　答えのない問いに挑む勇気

「世界はなぜ平和にならないの。」子どものそんな素朴な疑問に対して
大人はどのように答えるだろうか。歴史，政治，宗教，民族，など様々
な要因が複雑に絡み合い，今現在も世界のどこかで紛争がおき，富める
国と貧しい国の格差はなくならない。1970 年代以降，ベトナム戦争後
のアメリカで始まったグローバル教育やイギリスにおけるワールド・ス
タディーズ，グローバル・シティズンシップ教育などが，ひとつの地球
に暮らす地球市民として世界中人々が共に手を取り合って平和な世界を
築こうという理想を掲げてきた。

　あれから 50 年が経ち，発達した IT 技術で瞬時に届く世界のニュー
スは，紛争，クーデター，テロ，環境破壊，人種差別，自国第一主義な
ど世界平和と呼ぶには程遠い。生徒が地球規模の問題の解決策を考える
とき，その多くは未解決な問題ばかりで，教師は明快な答えを持ってい
ない。正解のある知識伝達型の教育に慣れている生徒と教師は，答えの
ない課題解決に対してどのようにアプローチしていくのか。歴史，地
理，生物，化学など伝統的な教育方法によって切り分けられた教科型の
授業で与えられた知識では解明できない，まさに総合探究が必要なテー
マである。歯止めがかからない地球温暖化，深刻化する難民問題，軍に
よるクーデター，目に見えない新型コロナウィルスに翻弄される人類，
AI 等の発達による目まぐるしい生活の変化（Society 5.0 時代）等，未
来はどのように変わっていくのか予想することは容易ではない。

　中教審答申（令和 3 年 1 月 26 日）でも述べられているように，急速
かつ劇的に変化をする時代の中で「多様な人々と協働しながら様々な社
会的変化を乗り越え」個として「豊かな人生を切り拓」くだけではなく，
「持続可能な社会の創り手」となる人間を育てなければならない。そこ

での教師は「正解を教える人」,「知識を与える人」ではなく,「より良い社会をつくるために共に思考し協働する存在」なのである。そのためには,学校を閉じられた狭い場にせず,実社会に関連した学びの場を設定する必要がある。特に総合探究において,地域や社会と連携した多様な人々との出会いと対話が生徒たちの好奇心を刺激し,主体的な学びへのモチベーションを高め,深い学びへと導くのである。

英語科でも,オーセンティックな教材を用いることが重要である。旧来の英語の教科書では,教える文法事項を含むモデル会話や文章が書かれている。それは恣意的に作られた英文で,時に不自然な表現や場面展開がなされることがある。近年,有名な人のスピーチなど生きた英文を使用する教科書・教材も増えてきた。本校の英語科の教員たちは常に,教科書だけでは足りない,生徒たちの知的好奇心をかきたてるリアリティを持つ教材探しに時間をかけている。

例えば,CNN ニュースや英字新聞,TED トークで 10 代の若者が行ったプレゼンテーションを題材にしてリスニング,リーディングを行った後,オピニオン・ライティングを行い,最後はディスカッション(スピーキング),といった 4 技能統合型の授業ができる。教材だけでなく授業の方法もよりオーセンティックな生きた英語使用に近づけたい。文法中心の授業では正解があるが,内容を中心とした授業には正解はない。生徒たちの考える力を伸ばし,間違いを恐れずに英語で表現する力を育むために,オープンエンドの問いに日頃から挑ませている。

(2)　自分の意見を持ち表現する力

「あなたはどう思う?」「なぜ?」という問いに答えることが,日本語,英語を問わず生徒たちは苦手である。なぜなら,それまでに受けてきた教育の多くが知識伝達型であり,常に意見を求められる経験をしてきていないからだ。生徒一人ひとりの考えを表現させる時間よりも,効率よく受験に必要な膨大な知識を与えることを優先する授業がまだ少なくない。

　空欄に重要語句を埋めていくプリント，採点に時間がかかり複数の教員で客観的に評価するには効率が悪い記述式の問題が少ない定期テスト，それらの弊害が自分の意見を考えることのできない子どもを育んでいる。

　近年「アクティブ・ラーニング」という言葉が流行り，教師の一方的な講義ではなく，生徒同士で学び合う活動的な授業が必要だと言われている。しかし，生徒にペアやグループを組ませて問題を解かせたり調べさせたりするだけで，見た目はアクティブ・ラーニングをさせているように見えるが，生徒の学びの質までは深く追究されていない授業もある。例えば，教科書を見れば正解が載っていて，それをグループで手分けをして探してプリントの空欄を埋めていたり，得意な生徒が導いた正解を苦手な生徒が写していたりするだけの授業がそれである。できる生徒もできない生徒も共に頭を寄せ合い，深く思考し，議論できるような課題を教師が設定することは容易なことではなく，そのような授業を目指す教師は教材研究に日々膨大な時間を費やしている。

　自分の意見を言えるようになるために，普段から英語科の授業でも自分の頭で考え意見を言う時間を帯活動として短時間でも必ずとるようにしている。例えば，3-minute Global Issue というタイトルで，毎回1人が関心のあるグローバルな問題（国内も可）について短いスピーチを前に出て行う。事前に原稿は教師の添削を受け，各自練習をして臨む。聴き手に理解しやすいように平易な英語で話すことを心がけ，また手がかりになる写真などを見せながら話す。スピーチの最後には必ずその問題についての自分の意見を述べるようにする。そのスピーチを聴いた後，ペアで2分程度意見交換をし，最後にクラス全体で発表者への質問やペアでだされた意見をクラスでシェアする時間をとる。

"What do you think about this topic and why?"

"I think……because…….　For example ～ ."

といったやりとりを重ねていくうちに，生徒は自分の意見を持ち，具

体的に説明ができるようになっていく。また，意見を言う時や意見文を書く時に，Opinion → Reason → Example → Opinion といった "OREO のルール" で話す（書く）ように習慣づけている。日本語の作文では起承転結で意見（結論）を最後に述べるが，英語では意見を最初に述べるという練習にもなる。

　例えば1年次の 3-minute Global issue で，海外で批判されている和歌山県のイルカ追い込み漁について自分の思いを発表した生徒がいた。

　　I'm going to talk about dolphin fishing. Dolphin fishing is called *irukano oikomiryo* in Japan. From September to Feburary of the following year, fishermen in *Wakayama* prefecture go dolphin fishing. They catch the wild dolphins and choose the dolphins that will go to aquariums. And other dolphins are killed for their meat. This happens every year so dolphins are extinct. A long time ago in Japan, people ate dolphins and it was expensive, but now most Japanese people don't eat dolphin meat. So I think we should stop killing dolphins. This problem is difficult to stop because suppose we stop killing dolphins but we kill other animals like cows, pigs and chickens. All life is the same life. I don't think it can be completely resolved, but first, I want you to know what happens around the world and doing small things like not wasting food. I love animals so much. They are cute and very kind. So I want to be kind to all animals. Thank you for listening .

　この生徒は，動物が大好きで，日本でイルカが殺されていることに衝撃を受けた。和歌山県のイルカ追い込み漁に強く反対する一方，普段豚や牛や鳥の肉を食べることは良いのかという葛藤を経て，「答えはでないけれど自分にできることは食べ物を無駄にしないことと全ての動物に優しくすることだ」という結論にたどり着いていた。

　このスピーチは聴き手の生徒達に様々な論点を提示してくれた。多くの生徒達は初めて和歌山県の伝統文化であるイルカ追い込み漁について知り，それが海外で批判されていることを知る。可愛いイルカが肉とし

て食べられていることに驚く意見，小学校の時に給食で食べたことのあるクジラを思い出してクジラについても海外から批判されているという問題提起，和歌山県の人たちはなぜ今もイルカの追い込み漁を続けているのか調べてみたいという疑問，海外では犬を食べる国もあると聞いてかわいそうだと感じるが日本で馬肉を食べるのも馬がかわいそうだという比較を通して他国の文化・価値観を批判できるのかという課題意識，豚や牛は可愛くないから殺して食べても良いのかという葛藤，などである。その後さらに調べると，和歌山県知事が米駐在員の批判に回答をしている文章が日本語と英語で発表されていた。追い込み漁で捕っているイルカは絶滅危惧種ではないことや，その地域にとって重要な産業であり伝統文化であること，法律によって許された範囲でおこなわれていることが書かれており，これを英文で読むことも議論を深める素材である。

　生徒の思考は，問題点を理解することから始まり，その問題を自分たちの身の回りの他の事例（クジラや馬や牛など）にあてはめて考え，そして可愛いから殺してはいけないという理由で良いのかと理由を分析し，他の国の文化や価値観を批判することの是非や動物を殺して食べることの道徳的葛藤を経て，自分達にできることは食べ物を粗末にしないで感謝して頂くことと動物の命も大切にすることだという，それまで意識したことのなかった新たな価値を生み出す思考へ深まっていく。

⑶　出会いと対話で深まる思考

　思考をより深めるためには，出会いと対話が欠かせない。未知の世界との出会い，異なる価値観を持つ人との出会いなど，地域や社会と連携し生徒が学びのリアリティを感じることのできるその分野で活躍している人など多様な出会いの場を設定したい。また，対話とは他者との対話だけでなく自己との対話も含まれる。日本語であれ英語であれ，日頃から What？　Who？　When？　Where？　Why？　How？　といった問いを用いて，生徒が自分の中で考えを深める習慣をつけたい。

自己との対話が土台となり，協働作業における他者との対話がより深い思考を導く。どのような課題を解決したいのか，そのために探究すべきリサーチ・クエスチョンを決め，仮説を立てて，調査をしていく。この作業を個にとどめずグループで行うことにより，生徒達は，他者に伝えるために自分の考え方を明らかにし，他者と考えを交換することで多様な価値に気づく。そして課題解決につながる新たな価値を創造するために，対話を重ねることで，思考は深まっていく。

　本校国際科の「開発途上国理解プログラム」では，座学だけではなく，実際に途上国の人と出会う場を大切にしている。具体的には，JICA(Japan International Cooperation Agency 国際協力機構)の協力を得て，日本で研修を受けている方々に来校頂いて交流をしている。今年度はオンラインで実施した。その出会いと対話は，知識としての途上国理解ではなく，よりリアリティを持った相手の顔が描ける国際協力を生徒達が考えるようになるきっかけを与えてくれる。ウガンダからの研修員との交流を終えた後，ある生徒は次のようなお礼の手紙と感想を書いていた。

　Thank you for talking with Tachibana High School students. I had only known that the water systme is lacking in Uganda, but you showed us fantastic things there. As I saw pictures where people of Uganda were smiling, I wondered how happy the place is. Also, I considered they may be similar to the Japanese paople from a point of happiness according to your talk. Going anywhere or talking with our own family makes us happy.

　I want to go to Uganda to talk with them. I had great time. Until next time !

　この生徒は，初めウガンダに対して不便な途上国というイメージを持っていたが，JICA 研修員が写真で見せてくれた現地の人々の豊かな文化の多様性と人々の笑顔に感銘を受け，また研修員の方が語ってくれた家族や友人との時間に幸せを感じるという言葉を聞いて日本との共通点

を見出すとともに，自分が普段意識していなかった大切なことに気がついた。出会いと対話が生徒の思考を深めた例である。

3　批判的思考をどう育てるか

　一方，Critical thinking（批判的思考）をどう育てるかは日本の学校教育の課題である。というのも，反対意見を言うことや言われることをネガティブに捉えてしまう生徒が多く，議論をさせても波風をたてないように話す姿が多くみられる。「出る杭は打たれる」ことを恐れる空気があり，1 年生は最初なかなかディスカッションが成立せず意見交換に留まることが多い。ロールプレイやミニディベートの形式で，役割を決めて意見を言わせると，生徒同士が遠慮をせずに意見を言いやすい。例えば，南北問題を実感できる「貿易ゲーム」[1]や多文化共生の難しさに気づく「ひょうたん島問題」[2]といったロールプレイは生徒達がその役割になりきって活動することで批判的に思考し議論をうむことができる。また，生徒が Critical Thinking をより良いものを生み出すためのポジティブな思考方法だと感じるようになるには，互いを信頼し合える人間関係づくりと，正解・不正解がなく自由に発言できるような教室の雰囲気づくりも重要である。

(1)　あふれる情報に流されないメディア・リテラシー

　探究活動を行うための基礎的な知識・技能として，メディア・リテラシーも欠かせない。スマートフォンやタブレットを日常的に使いこなすデジタル・ネイティブといわれる現代の若者達は，SNS などに影響をうけやすい。フェイクニュースを見抜く力を育てるために，安易にインターネット上の情報を全て信用せずに情報の真偽を批判的にみる力を育てる。例えば，メディア・リテラシーに関する活動で「事実」を読み解く活動がある[3]。複数の新聞を比較させて「事実」と「意見」を見分け

る話し合いを行ったあと，実際に新聞の1面を作り他の班と比較する。生徒が次のような感想を述べていた。

「その記事が『事実』なのか筆者の『意見』なのか見分けることが大切だと思った。自分の『意見』をまるで『事実』かのように発信するメディアや人がいることに驚いた。」

「『事実』はなくて，『解釈』があるだけなのだなと思った。」

「人は誰しも主観的に物事を捉えているわけで，同一の事象に対しても感じ方や考え方の違いによって表現方法に差異がでるのだと分かった。紙面を作るとき，購買層を意識するあまり『伝えたいこと』がおざなりになってしまった。」

このように，生徒達はメディアの危うさを知るだけでなく，それを知ったうえで，どのように情報を発信するかを考えた。課題解決型学習を行っていると，生徒達の中から安易に「SNSで発信して多くの人にこの問題について知ってもらおう。」という解決策が出る。気軽に発信できる手段を何種類も持つ若者だからこそ，メディア・リテラシーは欠かせない。プライバシー保護の観点や，著作権に関する法律，命を落とす人もいるほど影響力を持つSNSの危険性といった事柄に関する学習はもちろん大切だが，デジタル・シティズンシップ[4]という考え方があるように，従来の情報モラルの授業で行っていたインターネットの怖さを考えさせるだけでなく，その良さや有効性を知り，よりよい社会を築くためにどのように効果的に責任を持ってITを活用していくのかといった前向きな学習を，課題解決型学習を始める前に行いたい。

(2) 発信・実践する場を作る

課題解決型学習の最後には必ず発表会を行っている。人に伝えることが探究活動のモチベーションにもなり，達成感を感じることにもつながる。どのように伝えたら自分たちの探究したことがうまく伝わるのかを考えて，パワーポイントのスライドを工夫したり，スキットをはさんだ

り，生徒達は多様な表現方法を考える。課題の解決策を最後に提案することが目的なので，人々にその課題についてどうしたら関心を持ってもらえるか，どうしたらより良い世界を作るために共に行動を起こしてもらえるのか，生徒達は悩む。企業とのコラボレーションで，その企業を訪問し，生徒達のプレゼンテーションを社員の方々に評価して頂いた。その際の生徒達の熱意は，校内での発表会とは比べ物にならないほど高かった。その実践例は後述する。

　また，世界の課題を自分たちのこととしてとらえ，自分達にできることを何かしようと生徒達が考え実行したことが 2 つあった。ひとつは国際科で学んだことを校内の他学科（普通科・スポーツ科）の生徒達に伝え，考えてもらう機会を作りたいと思い，生徒達の手で出前授業を行ったことである。生徒達にとって教える側に立つのは初めての経験で，どうしたら楽しみながら学んでもらえるか授業の方法を考え，役割分担をし，教材を作成し，リハーサルをして臨んだ。普通科とスポーツ科の生徒達からは大変好評で，国際科の生徒達は達成感を感じることができた。もう一つは，不用品を回収して NGO に送る活動である。学年の生徒達に協力を呼びかけ，国際協力の小さな一歩として実践した。

　このように，課題の解決策を考えて発表するだけでなく，実際にアクションを起こすところにまでたどり着きたいと考えている。

4　実社会とつながる学びの実践：企業とのコラボレーション

(1)　企画の全体像

　この実践は，国際科 2 年生の総合探究の時間と国際理解 II の時間を用いて行った。『様々な職業から日本のグローバル化に向けた取り組みを学ぼう〜主体的に社会に参加するために〜』というテーマを掲げた本企画は 3 つの目的を持っていた。

　一つ目は，キャリア教育の側面である。生徒達は将来グローバルな舞

台で活躍することが期待される。日本のグローバル化に貢献する職業は，国際機関，国家，地方自治体，企業，NGO／NPO，教育機関など多岐に渡ることを学び，将来自分はどのような分野で社会貢献と自己実現をはかっていきたいのかを考える機会とすること。

　二つ目は主権者教育である。生徒達は在学中の18歳で選挙権を持つようになる。主権者として社会に関心を持ち，より主体的に社会に参加する姿勢を育てたい。そのために，日本のグローバル化を促進する働きかけには具体的にどのような政策や取り組みがあるのかを学び，自分も社会の構成員として参加していくことへの意識を高めたい。

　最後にグローバル・シティズンシップ教育の側面である。1年次の国際理解Ⅰや総合探究で行った開発途上国理解プログラムでの学びを土台とし，さらに一歩深め日本や世界をより平和な社会とするためには，「地球市民」として何が必要なのか具体的に考える機会とする。

　このような目標の元，具体的には次のような企画を実践した。

(2)　グローバル化に貢献している様々な職業を知る

　日本のグローバル化に関わっている様々な立場の方からお話を伺った。国の政策は外務省の高校生向け出前授業を依頼し，地方自治体の立場からは，学校の所在地である川崎市に依頼し，施策を伝えて頂いた。加えて川崎市臨海部国際戦略本部が実際に運営している殿町国際戦略拠点キングスカイフロントを訪れ，海外から来ている研究者たちと交流をした。そして国連の立場からは，WFP（World Food Program 国連世界食料計画）を訪問し，世界の食糧事情と飢餓の問題について学び，食糧支援のあり方を考えることができた。さらに JICA プラザよこはまを訪問し，海外青年協力隊として海外に派遣されて活動した方のお話を伺い，国際支援について学んだ。企業の立場からは，グローバルに展開する企業として，マース・ジャパン・リミテッド社を訪問した。詳細は後述する。

　上記の企画は全員が参加するものであったが，生徒一人一人に関心が

ある職業の分野を事前に調査し，職場訪問も行った。生徒達は緊張をしながらも，実社会で世界につながる仕事をしている人たちにインタビューを行い，実際に働く人の生の声を聞くことで職業についての視野を広げることができた。

(3)　企業とのコラボレーションで学びを深める

　グローバルに展開する企業であるマース・ジャパン・リミテッド社とのコラボレーション企画では，まず第 1 部として 10 月に本社のオフィスを訪問させていただいた。企業のポリシーとグローバルな取り組みについて伺ったり，オーストラリアのオフィスとつないでテレビ会議の体験や，新商品開発コンペの体験をさせていただいたりした。企業というと疲れたサラリーマンを思い浮かべる生徒が多く，生き生きと働く社員の方々や，働きやすく工夫されたオフィスに感動する生徒が多くいた。また，企業は利潤追求をしているだけではなく社会貢献も考えているということも生徒達にとっては驚きであった。例えば，チョコレートを生産するためのカカオを輸入するだけでなく，相手の農家と協働してより虫に強く収穫がしやすい低木のカカオを品種改良している話があった。

新商品開発体験　　　　　　　　　　　新商品コンペ

　マース・ジャパン・リミテッドの 5 つの社是 "Quality" "Responsibility" "Mutuality" "Efficiency" "Freedom" のうち，特に "Responsibility"

"Mutuality"の2つは，生徒がこれまで開発途上国理解プログラムで学び考えてきたグローバルな課題解決につながるテーマと重なるものであった。ここに着目し，「SDGs を達成することができ，Mutuality のあるビジネスプランを考える」という探究課題の設定を行った。マース社の主な製品のあるチョコレート部門とペット部門にわかれて，10 月からの4ヵ月間探究学習を行った。第2部として3月にオフィスにて生徒たちが作成したビジネスプランを英語で発表し，社員の方々に評価をしていただいた。

本社での発表会

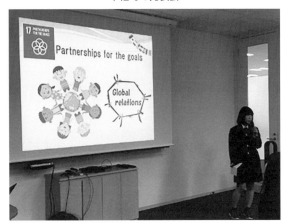

(4) どのように思考を深めていくのか

① 自己との対話

　探究の最初のステップは個人で行う。そのトピックについて，自己の中に湧き上がる疑問点について調べ，どのような問題が存在しているのかをリサーチする。事実や問題点について知らなかった自分を認識し，さらに自分はこの問題に対してどう向き合うか，まずは一人でじっくり考え，リサーチしたことについてのレポートを作成する。

②　他者との対話

　ふたつ目のステップは，各自が調査したことをグループで持ち寄る。思考を整理するツールとして，マインドマッピング[5]の手法で，分類して問題点を洗い出す。グループでの対話を通して，疑問点を出し合い，課題である SDGs を達成できる Mutuality（互恵）のあるビジネスプランのアイディアを練る。利潤を度外視しては企業として商売がなりたたない。しかし搾取と犠牲の上に成り立つ商品では，Mutuality はない。

　ビジネスの経験がない高校生にとって容易ではない課題であるが，会社訪問で学んだことや，各自がリサーチしたことをグループで共有し，自分たちなりの仮説をたて，問いを分担して再びリサーチを行う。この協働作業を何度も繰り返すことが，表面的な知識の獲得にとどまらない深い思考へと生徒達を導いていた。

生徒の作品

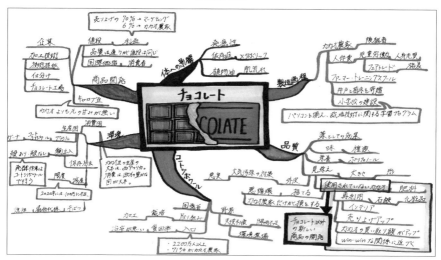

③　思考を整理する：マインドマッピング

　生徒達は普段好んで食べているチョコレートが，製造過程を調べていくとカカオの輸入先で児童労働や低賃金といった問題を引き起こしてい

ることを知り，自分達がチョコレートを食べて幸せを感じる度に，世界のどこかで誰かを犠牲にしていることに衝撃を受けた。しかし100円で買えるチョコレートをフェアトレードの350円で自分は買うかどうか。公正であるべきだという正義感と，実際は安いものを買ってしまう気持ちとの狭間で葛藤する姿が見られた。資本主義社会の利潤追求と社会正義の両立の難しさや，ビジネスとして会社にも利がなければカカオ農家を救うことができないことなど，何度も壁にぶつかり，そのたびに対話を繰り返して探究を深めていった。生徒からは「調べれば調べるほど難しい。」「国連ですら解決できていない先進国と途上国の格差や不公平の問題を，私達高校生が解決策を思いつくのは無理ではないか。」といった意見も出た。課題が難しければ難しいほど，好奇心を持って探究に熱心に取り組む時期と，解決の糸口が見つからずに沈滞する時期がある。そんな時に功を奏するのは，やはり協働学習である。対話から新たな気づきが生まれ，一人では乗り越えられなかった壁が乗り越えられる場面が多々見られる。この班の事例では，ある生徒が，品質や外見が理由で売れずに捨てられるカカオ豆が大量にあることを知り，班に共有することで，それらを活かした商品開発をしたらどうだろうか，というアイディアが生まれた。

　そこから，日本では「もったいない」と言って，ミカンの皮を乾かしてお風呂にいれたり，豆腐を作る際に出る大豆の搾りかすを「おから」という料理で食べていたりすることに気づいた生徒達は，日本の「もったいない」というキャッチフレーズをテーマに掲げ，不良品のカカオ豆だけでなく，チョコレートを製造する時に廃棄しているカカオの皮も利用できないかと考え始めた。カカオ豆やカカオの皮は，どのような栄養素があるのか，どんな商品が作れるのかなどをリサーチし，カカオティーや，カカオ石鹸，肥料などの商品を考案し，現地の人々を雇用し生産することを提案した。

　プレゼンテーション発表会は英語で行うため，原稿やスライドをいか

にわかりやすく伝えるかにも工夫を凝らした。「チョコレートは好きですか」と聴衆に問いかけ，カカオ産出国との不公平な貿易について伝えた後に，廃棄されている不良品カカオを日本の「もったいない」精神にそって再利用することで，カカオ農家を支援しようという提案を行った。普段は校内での発表で終わるのだが，今回マース・ジャパン・リミテッド社からの協力を得て，発表会も本社で行わせて頂いた。実際に企業の人達に聞いて頂くことで，生徒達のモチベーションは大きく高まり，素晴らしい発表会となった。この班は社員の方々から最優秀班に選ばれた。

生徒作品（一部抜粋）

Can we say that chocolates make people happy ?

We seized on the situation of cacao trade, and we found that people in developed countries don't buy about half of the cacao, so people on cacao plantations waste them because they don't know how to make something from the cacao. This has bad infleuences, not only on the economy, but also on the environment.

We can say this situation is "mottainai" in Japanese. This means we should make the best use of all of resources in the world. We have responsible to make and use resources. We must not waste all of the harvests made by our precious partners, the effort by the local people, and the blessing nature gives us.

 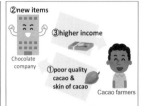

4　おわりに

　答えが簡単に見つからない課題を解決することを目指す課題解決型学習は，「出会い」と「対話」がキーワードとなる。知らなかった新しい世界との出会い，実際にその分野に関わる人々との出会い，その課題に対する自分の考えをまとめる自己との対話，そして協働して課題を解決しようとする他者との対話によって，価値観のぶつかり合いや葛藤を乗り越えた先に思考の深まりがみられた。生徒達の学びを学校の中だけにとどめず，地域や社会に広く協力を求めることで，学びにリアリティがうまれた。そして，探究心が刺激されるとともに，生徒達の主体的な学びへのモチベーションを高めていた。

注

1)　開発教育協会『新・貿易ゲーム改訂版　経済のグローバル化を考える』2021年。
2)　藤原孝章『新版　シミュレーション教材「ひょうたん島問題」』2021年。
3)　開発教育協会『18歳選挙権と市民教育ハンドブック（補訂版）』2017年。
4)　坂本旬・芳賀高洋・豊福晋平・今度珠美・林一真『デジタル・シティズンシップ—コンピュータ1人1台時代の善き使い手をめざす学び』大月書店，2021年。
5)　後藤芳文・伊藤史織・登本洋子『学びの技　14歳からの探究・論文・プレゼンテーション』玉川大学出版部，2014年。

第 12 章

思考力を育てる中・高等学校における道徳の授業

——フランス，政教分離と公共学校でのスカーフ着用の是非

竹村直記

1 はじめに

　本稿は，中学校高学年での実験授業の記録の再分析を基礎にしている。飛び込み授業として行った内容は主として道徳に関わる授業である。本授業では，価値の対立場面を提示し，生徒の判断とその理由を問うモラルジレンマの方法を用いている。授業で提示した題材は，フランスで制定された宗教的標章法（以下スカーフ禁止法）の是非である。生徒達は初め個々に自らの既有知識を頼りにして賛成か反対かを判断し，その判断の理由を明らかにした。その後，ディベートを通して，自分の判断の正しさを検討した。並行して，生徒達は自らの判断の根拠とした対象への理解を，新たに知識を得ることを通して深めていた。

　筆者は，考えることを，現象学の志向性の概念を通して，個人が対象についての理解を更新することであると考えている。本時の題材は，政教分離の理念に照らして，近代国家（フランス），宗教（イスラム教），教育（公教育）などの対象について理解することを，またそれらのあるべき関係を問うている。例えばある生徒は，イスラム教徒を初めアルカイダのようなテロリストと結びつけて考えていた。その後スカーフの着

用を求める生徒について知り，イスラム教徒についての異なるイメージを形成していった。この思考過程は，潜在的には社会的な視点あるいは歴史的視点など教科の本質を用いて，対象について学習することで深めることができる。

2　授業計画

(1)　授業の主題：国家と宗教：政教分離（ライシテ）から考える。
(2)　本時の課題：フランスにおけるスカーフ禁止法の是非について。
(3)　主題と課題の選択理由

　本授業の課題は，多様化する社会における共生という主題へとつながっている。フランスにおいて，政教分離は，ローマ・カトリック教会との対決の中で，フランス国教会主義（ガリカニスム），政教条約（コンコルダート）を経て獲得された理念である。フランスは政教分離の理念の下で，国家の脱宗教化を進め，国家の宗教に対する中立及び信教の自由という原則を守り，異なる信仰及び思想を持つ人々が共に生きる社会を実現することを目指している。このフランスにおける共生の仕組みは，歴史的にはカトリック教徒の信仰と生活を想定して考えられている。スカーフ禁止法の是非を巡る議論においては，イスラム教徒の信仰と生活を踏まえて，改めてその仕組みが共生を可能とするものであるか問われている[1]。

　政教分離は，公教育制度の正統性を巡る議論に関わる理念である。フランスでは，政教分離の実現と公教育制度の成立は不可分であった[2]。公立学校の成立以前には，子どもの教育は，カトリックの修道士によって担われていたからである。国家の脱宗教化を目指す政教分離を実現するためには，教育の脱宗教化が必要であると考えられた。つまり，フランス革命後，公教育の正統性は学校が脱宗教化されていることにあり，それは例えば，聖職者ではなく師範学校を出た教師が教えていることであった。

　現在も公教育の正当性を巡る議論は継続している。例えば，アメリカ
では，親が自らの信仰に基づいて，子どもが教科書の特定の内容を履修
することを拒否する場合，これを認めるべきだろうかという問題が提起
されている。つまり，公教育は，子どもに親の信仰に反する教育内容を
教えることは親の権利の侵害である，という主張に対して，自らを擁護
しなければならない。平井悠介は，問題は社会で寛容の価値が揺らいで
いることにある考え，エイミー・ガットマンの議論に公教育の正当性を
擁護する根拠を求めている[3]。ガットマンは，子どもの信教の自由を根
拠として親の信教の自由を制限できるとする。アメリカの子ども達は，
異なる思想及び信仰を持つ人々が共に生きる社会を生きることになる。
したがって，子どもはそのような社会で生きるために寛容及び，相互理
解の価値を学ぶ権利を持っていると主張する。一方松下丈宏は，理想社
会の姿から演繹的に原理を導くガットマンの議論はアメリカにおいて，
果たして異なる考えを合意に導く上で有効な枠組みであるか疑問である
とする[4]。ガットマンは，自らの民主主義及び教育制度の捉え方をアメ
リカ社会の総意であると考えているが，ガットマンの主張と信教の自由
という訴えを起こしている親の間にある考えの違いは，アメリカのある
べき姿を巡るイデオロギー闘争に至る可能性もある。

　公教育の正当性を巡る議論は，その議論の優れた枠組を整えれば，
それで解決できるのだろうか。伊達聖伸は，フランスにおける政教分離
をめぐる意見の鋭い対立に対する試みの一つとして，フランスの哲学者
アブデヌール・ビダールの「セルフ・イスラーム」[5]を紹介している。
それは，自己教育を行い，自分自身の信仰そして，偏見から距離をとり，
「自分のイスラーム」[6]を見つけることである。ビダールは，対立する
両者がそれぞれ自らを教育することで，合意の可能性は，創造されなけ
ればならないとする。社会において合意が可能である条件には，人々が
合意に至りうる内容を直感できることが含まれる。とすれば，教育は自
らの正当性を擁護するためには，その正当性を確信できる教育された

人々を必要としているのではないか。ビダールの「セルフ・イスラーム」は，そのような教育の方法を示している。アメリカにおいて教育学者のウイリアム・パイナーが提示した Currere（クレレ）は，ビダールの取り組みに重なっている。クレレは，自伝的に自らの経験を振り返る教育方法である。この方法では書くべき経験を選択し，また書かれた内容を評価する，私の書き手としての私が明確に意識されるようになる。このことによって，私が私を教育するという自己教育が成立する。パイナーの教育理論のモデルの一つは，アメリカ南部のアフリカン・アメリカンの自伝にある。その自伝は，彼らが自らの被差別の経験を深く見つめることを通して，例えば民主主義という普遍的価値の洞察へと自らを導びいていったことを示している[7]。

(4) 授業の狙い

　この授業の狙いは二つある。一つは，生徒の道徳性を訓練することである。それは，生徒にある出来事において正しい行いとは何かについて，対話を通して考える習慣を身につけさせることである。私は道徳性について，浅沼茂修正版のコールバーグの理論に基づいて考えている。ローレンス・コールバーグは，認知発達の観点から，子どもと大人の道徳的判断の理由づけの違いに着目し，道徳性を判断の理由づけを指標として，五つに階層化して提示した[8]。コールバーグは，抽象的な思考力を，高度な道徳的判断が可能な能力に対応させている。例えば，ある場面で正しいと考えられる行いが，他の場面でも正しい行いであるかテストできることは，良い判断を行うための条件である。浅沼は，コールバーグが言うこの認知能力を，コミュニケーションの能力として再定義した[9]。浅沼によれば，道徳的により正しい判断を行うために必要な認知能力とは，単に道徳律の妥当性をテストする能力ではない。それは話し合いの中で，他者の意見を踏まえて自らの考えを修正できる能力である。浅沼は，そのような能力をコミュニケーションにおける相互性と名付けてい

る。本時の一つ目の狙いは，生徒のこの相互性を訓練することである。

　本時の二つ目の狙いは，生徒が政教分離について理解することである。私は理解することをここで既有知識を対象化することと定義しておく。また，既有知識が対象化されることを，わかっていることと，わかっていないことの区別がつくようになること定義しておく。何か理解することは，新たに知識を得ることであるが，わかっていないことを知ることも同じく知識を得ることであると考える。それは，「無知の知」と呼ばれてきた。本時の二つ目の狙いは，生徒が政教分離についての理解を深め，何をさらに学ぶべきかを知ることである。

(5) 本時の指導案

表12-1

過程	資料提示	ディベート	まとめ
授業の展開	一、資料読解 一―一　イスラム教徒の女性が身に付けているスカーフを提示する。 一―二　資料1を提示する。要件をまとめる。 一―三　資料2を提示する。要件をまとめる。	二、ディベート	三、ワークシート　記入
指導上の留意点	○スカーフにはいくつかの種類がある。写真などの視覚的資料を提示して、生徒の既有知識を活性化する。	○グループ設定：スカーフ法に賛成の立場、反対の立場、そしてジャッジに分ける。	○ワークシートは生徒が個人としての結論を提示できるようにする。

(6) 生徒に提示した資料の要約

(1)　資料1の要約「仏の公立校スカーフ禁止へ」10)

　フランスのシラク大統領は，国民向けの演説を行いイスラム教徒の女

生徒が公立校でスカーフを着用することを禁止する法律の制定を求めた。また，ユダヤ教の帽子や，極端に大きな十字架のアクセサリーを身に着けることも禁ずるよう求めた。演説で，大統領は「スカーフなどの着用は政教分離に反する」と断言。「政教分離は，仏社会の統合を促進するもので，これを弱体化させてはならない」と主張した。

(2)　資料２の内容まとめ「フランス公立学校における宗教に関する授業風景」

　フランスでは，宗教・宗派間の融和をはかるために1990年代に，「宗教を教えないライシテ」から「ライシテの原則に基づいて宗教的事象を教える」へと方針転換が行われた[11]。

　ルイーズ先生は公立学校で歴史を教えている，自分自身キリスト教を信仰している先生である。先生は，生徒から「先生，神はいるの。」と質問されることがある。先生は，「自由に考えれば良いのよ」と答えるという。当然先生は，心では神を信じている。しかし，神はいますとは言えない。ある生徒の信仰を支持する代わりに，他の生徒の信仰を持たない自由を制限してはならないからである。

　ルイーズ先生は授業で地元のカトリック教会であり，今や世界遺産でもあるランス大聖堂の歴史について教えている。ランス大聖堂は13世紀に建造され，現在までその姿を残す建物である。カトリックの信仰の対象であることに加えて，フランスの歴史の生き証人として教材としての価値がある。生徒たちはそれぞれ選んだ資料にあたり，ランス大聖堂について調べていく。生徒の一人カトリックを信仰するエヴァは，街頭インタビューを行うことにした。インタビュー結果の発表の日，エヴァは同級生に向け調査結果を発表する。エヴァは最後に「ランス大聖堂は，私にとって魂を感じる場所です。多くの人がランス大聖堂について感じていることについて，私は残念だと思います。」と発表を締め括る。

　ランス大聖堂に宗教的な意味を見ることができない人はおかしい，こ

のエヴァの結論に対して，ある生徒の手が挙がる。

「信仰を感じない人は残念な人ではありません。それに神様を信じる人は実際に減っています。」

エヴァにとってランス大聖堂は，神を感じる場所でなければならない。彼女にとって信仰を持たない生徒は残念な人々の一人である。

ルイーズ先生はエヴァに尋ねる。

「異なる考えを持つ人のことをどう考えるべきでしょうか。その人達とどのように接して行くことが必要なのでしょうか。」

エヴァは先生を見つめ，

「寛容ということ？」

と一言。先生は，

「そうです。他者を受け入れるということです。」

と言う。

授業後，エヴァは次のように感想を述べる。

「みんな全然違っていたけど，それは成長するために重要なこと，自分自身の心が豊かになるということだと思います。私は，これからも学び続けようと思います。」

3　授業の経過

この節では，授業の実際の経過，特に生徒のディベートの進みゆきを描く。ディベートでは生徒に，第一の資料で提示した公立学校における宗教的標章禁止法の是非を議論させた。この法律は，目以外の顔全体を覆うニカブから髪の毛を覆うヒジャブまでのヴェール一般の着用を禁止するものである。正確には，ヴェール禁止法であるが，一般的にスカーフ禁止法と呼ばれる。ここでは，提示した資料での呼称に基づき，スカーフ禁止法と記述する。

・スカーフ禁止法に反対の立場からの生徒の立論。

「世界には多様な民族がいて，それを理解しないと，争いが起きてしまう。（スカーフ禁止法に反対するのは，イスラム教徒の考えを）理解しなければならないから。」

「（フランスには）信教の自由があって何を信じるのかは人の自由だから，スカーフを辞めなさいというのはおかしい。」

生徒は，フランス政府は，イスラム教徒への理解が浅いのではないかと考えた。また，スカーフの着用を強制的に辞めさせることは，信教の自由という言葉に合わないのではないかと疑問を感じている。スカーフ禁止法に反対の立場に立つ生徒達は，イスラム教を信仰する女生徒の立場に立って意見を述べた。

・スカーフ禁止法に賛成の立場のからの生徒の立論。

「例えば，同じ学校にキリスト教を信じている人とかいたとして，キリスト教を信じている人達はあんまりスカーフとかを表に出さない人が多いと思います。」

生徒は，キリスト教を信仰する生徒も，学校では信仰に関して我慢していることがあると指摘した。この生徒は，イスラム教を信仰する生徒に加えて，キリスト教を信仰する生徒の立場についても検討した。この立論は，スカーフ禁止法に反対する立場に対しては，イスラム教徒の立場だけを考えていてはいけないという反論となっている。

・スカーフ禁止法に反対する立場からの生徒の反論。

「キリスト教徒の人って日曜日にミサに行くじゃん。イスラム教徒はイスラム教徒で，スカーフを着けなきゃいけないって言うのを信じて今まで生きてきた人達。それをいきなり否定するのは，いくら学校であっても良くないことだなって思います。」

この生徒は，イスラムを信仰する女生徒がスカーフの着用を禁止されることで我慢しなければならなくなることと，キリスト教徒が学校で信仰に関して我慢していることを，同じ我慢だからと考えて良いのかと述べた。政教分離の考えから言えば，日曜日のミサと，学校でスカーフを

着用することを同列に論じることは誤りである。この生徒の判断はこの不正確さを抱えているが，政府の宗教に対する中立性という重要な論点を明らかにした。

　・ジャッジの判定とその判断理由より，スカーフ禁止法に反対の立場を支持する判断理由。

　「（スカーフの着用に）反対の意見で，学校とかで授業で，宗教についてやるときにいろんな宗教の人がクラスにいてイスラムの人がスカーフとかを巻いていたら，目に見えてわかるから，授業をして，いじめじゃないけど，もしイスラムに反対だった人との間でけんかになっちゃうかもしれないって意見があったんですけど。それを考えると，だからこそお互いに討論とかをして，お互いの意見について考えられるようにすることも大切だ，って思うことができたら。お互い理解し合って受け入れること，寛容ができるんじゃないのかと思って。」

　この生徒は，公平性の問題があることを認める。だがそこで，だからこそと考えた。そして学校で生徒同士が話し合うことが重要だと言う。それは，話し合いを通して，お互いに理解し合うことができると期待しているからである。この生徒は，自分が学ぶ学級と仲間を信頼している。そして，その信頼を根拠として，スカーフ禁止法に反対の立場を支持した。

4　授業の評価

　本節では，授業を二つの観点から評価する。第一に相互性の観点から評価する。第二に理解の観点から評価する。

(1)　道徳性の観点からの評価

　浅沼茂編著の『思考力を育む道徳教育の理論と実践』のコールバーグの理論を適用し，本授業の生徒の判断を評価してみよう。初めに，コールバーグの道徳性の発達についての第一から五段階の尺度に，生徒の授

業での発話を当てはめる。本時では，第一段階と第二段階の回答は出されなかったので説明を省略する。

③　忠誠心，皆が見ているから，恥ずかしい，良い子と見られたいというような他者志向的価値観

　〇イスラム教徒は小さい頃から宗教を信じてきて，ずっとスカーフを被って過ごしてきた人達，いきなり外すように言うのはおかしいと思います。

　第三段階においては，他者の立場に立って判断を下すことができる。

　この回答を行った生徒は，自分がどうなるのかではなく，イスラム教を信仰する女生徒達のことを考えている。

④　法，慣習などこれまでの決まりや慣習に従うことを大事にする価値観

　〇（フランスには）信教の自由があって何を信じるのかは人の自由だから，スカーフを辞めなさいというのはおかしい。

　〇例えば，同じ学校にキリスト教を信じている人とかいたとして，キリスト教を信じている人達はあんまりスカーフとかを表に出さない人が多いと思います。

　第四段階では，ルールにしたがって判断を下すことができる。第四段階は第三段階の判断が抱える潜在的なジレンマを解決する原理を持っている。例えば，スカーフを禁止するとイスラム教徒はかわいそうであると言う第三段階の判断は，キリスト教徒も同じように我慢していることがあると気がついた時ジレンマに陥る。ここでどちらがよりかわいそうかという視点は，より良い判断を導く視点とは言えない。

　解決策の一つは，お互いが守るべきルールを定めて，その下で公平に扱われるようにすると言うことである。この第三段階と第四段階の関係については議論がある。

⑤　社会契約的な理念に基づく価値観

　○「キリスト教徒の人って日曜日にミサに行くじゃん。イスラム教徒はイスラム教徒で，スカーフを着けなきゃいけないって言うのを信じて今まで生きてきた人達。それをいきなり否定するのは，いくら学校であっても良くないことだなって思います。」

　第五段階では，ルール自体が良いルールであるかどうかを考えて判断を下すことができる。この生徒は，イスラム教徒の信仰のあり方とキリスト教の信仰のあり方の違いに着目し，スカーフ禁止法が中立の原則に照らして良いルールであるかどうか疑問を提示している。第五段階の認知能力は，ルールの良し悪しを考えることができるという点で，第四段階よりも優れている。

　このようにコールバーグの理論を適用すると，本時において生徒達の議論は，コールバーグが言う最も高度な認知能力を必要とする議論に到達していたことがわかる。では，生徒達は，どのようにその高度な認知能力を必要とする議論にまで進んだのだろうか？　授業の経過の節の最後に紹介したジャッジである他生徒の判断を，他の生徒達の発言と比較すると次のことがわかる。

　生徒は初めにイスラム教徒だけずるいという意見をどう考えるかと言っている。これは，スカーフ禁止法を支持する立場の立論への反論である。続いて，「お互いの意見について考えられるようにする」必要があるという。このお互いの意見には，イスラム教徒の女生徒の意見が含まれている。つまり，なぜイスラム教の女生徒にとってスカーフを身につけることが大事なのかを考えなければならないという。この論点は，スカーフ禁止法に反対の立場の立論から，この生徒が受け取った問いである。このように，異なる意見に耳を傾けたことが，この生徒の判断をより高度な段階へと導くきっかけとなっている。コミュニケーションにおける相互性が，生徒の道徳性を育むことに貢献している。

(2) 理解の観点からの評価

次に「理解」という観点からこの授業を評価する。生徒達はディベートを通して次の二つの論点を引き出している。

第一に，イスラム教を信仰する女生徒にとってスカーフを身につけることがなぜ大切なのか，である。これは，政教分離が目指す信教の自由に関わる論点である。ディベートに，スカーフ禁止法に反対の立場から取り組んだ生徒は次のように発言している。

「信教の自由があって何を信じるのかが人の自由だから，それを辞めなさいというのはおかしい。だから，スカーフを認めないのはおかしいと思います。日本ではなんでもかんでもだけど，ちゃんと信じている人もいる。」

イスラム教を信仰する女生徒達がスカーフを身につける理由と，私たちがスカーフを身につける理由は違う，この生徒の立論の根拠には，スカーフがイスラム教を信仰する女生徒にとって特別に大切な衣装であるという理解がある。

ジャッジを務めた生徒の中には次のように判断した生徒がいる。「（イスラム教徒は）ただ禁止するだけでは自分の信じていることがなんでだめなのかよくわかんないと思う。学校でお互いの意見をだしてお互いが受け入れられるようになったら寛容という話も出来るし，それはお互いの文化とかを認めることが出来るということだと思う。私は互いに認め合って行けたらいいと思うから，スカーフはつけていてもいいのかなとは思います。」

この生徒は，スカーフ禁止法に反対の立場を支持する。この生徒は，スカーフの着用を禁止しないことで，学校でイスラム教を信仰する女生徒がスカーフを身につけることがなぜ大切なのかを話す機会が生まれる，と主張する。そのことは，生徒同士の寛容の姿勢を強くすると予想している。

○生徒の問いを深める授業の展開例

この二人の生徒は共に，イスラム教を信仰する女生徒にとってスカーフを身につけることがなぜ大切なのかを理解することが重要であると考

えた。この問いを考える方法として例えば社会学的な方法がある。

　横間恭子は『アッラーと私とスカーフと』において，カナダのトロントに生きるイスラム教を信仰する四人の女性へのインタビュー記録を，ドキュメンタリー作品としてまとめている[12]。横間は異なる背景を持つ女性達を選んでインタビューを行っている。それぞれの女性のライフストーリーを比較することで，生徒はスカーフを身につけることが持つ様々な意味を知ることができる。また，スカーフを身につけることの意味を女性達が生きるカナダの社会との関係で考えることができる。

　第二に，スカーフ禁止法はイスラム教徒とキリスト教徒に対して中立な法律であるかが重要な論点として現れてきた。すでに挙げたようにスカーフ禁止法を支持する立場から取り組んだ生徒は次のように判断していた。

　「たとえば，学校にキリスト教を信じている人がいたとして，その人たちはスカーフとかを表には出していない。教室の中だけのことだけど，ムスリムの人がいたときに，教室から出なさいと，キリスト教徒が怒り出しても仕方がない。」

　〇生徒の問いを深める授業の展開例

　この生徒は，フランスの歴史を学ぶことで，この主張の根拠を検討することができる。工藤はフランス革命の時代まで遡り，スカーフ禁止法がフランスで支持を受けた背景には，フランスのカトリック教徒にわけ持たれた不公平感があるのではないかと言う。工藤は，ライシテの成立と同時期に行われたアソシアシオン法（アソシアシオンは，結社のこと。工藤は今日の NPO をイメージするようにと言う。）に着目している[13]。同法は，公共空間（当時主として教育と，医療などの社会福祉領域）で活動する結社に認可を受けることを義務づけるものであった。当時，この公共空間での活動はコングレガシオン（カソリック修道会）によってその大部分が営まれていた。同法では，通常のアソシアシオンが事前の認可を求められなかったのに対して，コングレガシオンは事前の認可を必要とするなど，コングレガシオンにより厳しい条件がつけられた。ま

た当時のフランス政府は同法を根拠として，軍隊を派遣する強硬な態度で持って，学校及び福祉施設から修道尼及び修道僧（先生や医者）を追放することまでしたのである。生徒の中立の原則についての疑問は，歴史の中で形成されてきた共同体間の関係そして，人々を分かつ溝の起源を見ることへつながっている。

5 まとめ

　本授業においては，私は生徒の道徳性を訓練すること及び生徒の政教分離についての理解を深めることを目指した。また，そのことを通して生徒の思考力を養うことに取り組んだ。私は次の学習活動がその目的に適していると考えた。それは，資料読解（必要な情報を読み取ること），ディベート（自分の考えを伝え合うこと），ワークシートの記入（自分の考えを表現すること）である。私は，資料読解を協動的な学びとして展開した。ワークシートの記入は個別的な学びとして進めた。

　「思考力」という観点から，これまでの分析を振り返りたい。ディベートにおける判断の理由づけの経過を見ていくと，ディベートでの学びの展開を支えていたのは，生徒同士のコミュニケーションであったことがわかる。生徒は，討論相手の意見に耳を傾けることで，自らの判断の理由付けを見直していた。この作業を行うことが，生徒を自らの判断の良し悪しを見極めるための，より良い立ち位置へと押し上げていた。またそのことを通して，生徒は新たに学ばなければならない事柄を突き止めていた。生徒は，相互的なコミュニケーションを通して，対象への理解を深めるきっかけを得ていたのである。

　何人かの生徒達は，異なる考えを持つ人々が共に暮らすことはできると言える根拠はあるという結論に至った。生徒達は，学校において生徒同士が話し合いの機会を持つことが有効であると考えていた。話し合うことの結果には，意見の違いに対して寛容であること，また互いを理解

することがあり得ると期待していた。生徒達は，学校で共に学ぶことが，異なる考えを持つ人々が共に暮らす社会を実現することに貢献すると考えたのである。この生徒達の判断の根拠には，自分が学ぶ学級の仲間への信頼がある。生徒は，自分はこの学級に受け入れられており，またその受容の経験は，イスラムの女生徒達も辿ることができる経験だと考えたのである。

注

1）　谷川稔『十字架と三色旗：近代フランスにおける政教分離』岩波書店，2015 年。
2）　工藤庸子『宗教 vs. 国家：フランス〈政教分離〉と市民の誕生』講談社，2007 年。
3）　平井悠介「近代型学校教育システムのゆらぎと教育の公共性の行方」『教育学研究』2018 年，82（2），138-149 頁。
4）　松下丈宏「宗教的多元社会アメリカ合衆国における公教育の正統性問題に関する一考察：『市民的寛容』の強制を巡って」『教育学研究』2004 年，71(1)，40-52 頁。　https://doi.org/10.11555/kyoiku1932.71.40
5）　伊達聖伸『ライシテから読む現代フランス：政治と宗教のいま』岩波書店，2018 年，186 頁。
6）　伊達聖伸「アブデヌール・ビダールにおけるライシテとイスラーム」『フランス哲学・思想研究』日仏哲学会，2017 年，22，47 頁。
7）　Pinar, W. F. (2004). What is curriculum theory (First ed.). Lawrence Erlbaum Associates.
8）　永野重史編『道徳性の発達と教育』新曜社，1985 年。
9）　浅沼茂編著『思考力を育む道徳教育の理論と実践—コールバーグからハーバーマスへ』黎明書房，2018 年。
10）　毎日新聞（2003 年 12 月 18 日）「仏の公立校スカーフ禁止へ」。
11）　谷川，前掲書，265 頁。
12）　Yokoma, K. (2015). Between Allah and me (and everyone else). [Video file]. Retrieved from https://vimeo.com/ondemand/betweenallahand.
13）　工藤，前掲書。

第13章

子どものための哲学対話から考える思考力
＜中学校＞

片山嵐大郎

1　はじめに

　学習指導要領が，平成の終わりに改訂された。平成の比較的早い段階に生まれた筆者は，地域の一般的な小学校へと入学し，その入学と同時に「ゆとり教育」の洗礼を受けた。筆者が受けた教育では，プロジェクト型学習（project based learning）が印象に残っている。ある企業とタイアップして，お菓子の商品開発を一年間かけて行うというものだった。子どもながら，非常にワクワクして学びを進めていたことを覚えている。しかし，筆者の実感とは裏腹に，「ゆとり教育」は多くの批判に晒され，見直され，副読本がやってきて，ついに「ゆとり教育」は終わった。しかし，今回改訂された学習指導要領は，かつて「ゆとり教育」が目指したものに近くはないだろうか。

　では，令和へと至る直前に生まれた平成29・30・31年改訂学習指導要領は，いったい何を指向しているのだろうか。何度も本稿で指摘があるところだが，改訂の目玉の一つは，「知識の理解の質を高め資質・能力を育む『主体的・対話的で深い学び』」を目指すところにある。そして，このような考え方を踏まえ，すべての教科において，「①知識及び技能，②思考力，判断力，表現力等，③学びに向かう力，人間性等」という三本柱が導入されている。ここに現れている理念に対して，いかなる実践が有効にはたらくのだろうか。

　その一つとして考えられるのが，子どものための哲学対話（Philosophy

for/with Children：以下 P4wC）である。P4wC には，すでに理論的な蓄積があり，授業で実践するための手引書がある。したがって，ここでは学習指導要領に挙げられる「②思考力，判断力，表現力」に注目して，P4wC の可能性を示したい。

　P4wC は，アメリカの哲学者マシュー・リップマン（Matthew Lipman）によって開発された実践であり，理論である。リップマンは，大学での自身の教育経験から大学生の哲学的思考力のなさに危機感を抱き，より早期の哲学的トレーニングが必要であると考えた。そこで，リップマンはマーガレット・シャープと共に 1970 年代初頭，ニュージャージー州の教員養成系大学であるモンクレア州立大学に「子どもの哲学推進研究所」を設立し，教育方法や教材開発及び教員養成の在り方について研究した[1]。そして，そこから編み出された教育方法を「子どものための哲学（Philosophy for Children:P4C）」と名付けた。

　リップマン以降，様々な研究者がその流れを引き継ぎ，様々な哲学対話の理論が構築され，様々な実践が行われている[2]。日本においても，その例外ではない。哲学対話や哲学カフェというワードをインターネットで検索すれば，学校外でのイベント情報は簡単に見つかるし，学校内での実践もすぐに見つかる[3]。象徴的な例を挙げるとすれば，NHK for School（E テレ）では，「Q ～こどものための哲学」という 15 分番組が隔週で放送されている。本稿では，このような状況を踏まえ，P4wC が育む思考力・判断力とは何かを中心に，P4wC の実例を紹介しながら P4wC の可能性を示したい。

2　子どものための哲学対話とは何か

　P4wC は，先述の通りリップマンの P4C の系譜に位置付けられる哲学プラクティスの一種である。哲学プラクティスとは，1980 年代にドイツ人哲学者のゲルト・アーヘンバッハが始め，国際哲学プラクティス

学会を設立したことから始まる。リップマンのP4Cもここに合流した。哲学プラクティスには，哲学カウンセリング，哲学コンサルティング[4]，哲学カフェなどが含まれる。各種実践の内容については割愛するが，どれも哲学対話という手法が主に使用される[5]。

　では，哲学対話とは何か。哲学対話には，様々な流派，手法があり，その目的によっても在り方は変わる。ただし，これだけは共通するというものがある。それは，「問い」である。哲学対話は，問いをめぐって行われる。一つの問いについて対話が行われることもあれば，複数の問いを往還しながら対話が進むこともある。問いの中身について，対話することが多いが，問いそれ自体を問うことに終始することもある。例えば，「幸せとは何か」という問いを，「幸せとはだれが決めるのか」・「幸せは如何に測定できるのか」などと問い自体を問い直すことや「幸せである状態とはどのような状態か」などと問いを深めていくことがそれに当たる。どちらの問い方であったとしても，「問い」と「問い」との関係を重視し，問うことを通して深い学びへの可能性に開かれていると言えるだろう。

　哲学対話は，このように素朴で日常的な疑問を扱うことが多い一方で，哲学という名前からして敷居が高いものとして思われがちである。それは，哲学という名称それ自体が，「難しいもの」というイメージが先行しているからである。筆者による哲学対話実践の経験からしてもそうである。しかし，実際には，哲学対話においては，哲学史に対する知識などは必要なく，条件付きで，むしろ邪魔とさえ言ってしまうことができる。たしかに，哲学には，先人の営みによって脈々と受け継がれてきた遺産があり，論文はそれらに位置付けられ，知の鎖を繋いでいる。しかし，哲学の一面であり，一面でしかない。哲学には，「哲学をする」というもう一つの側面がある[6]。それが，上で見た哲学プラクティスである。では，なぜ，哲学をすることには，哲学の知識は邪魔になる可能性があるのだろうか。我々は普段，生活をするにあたって，様々な当たり

前を背負って生活している。そして，その当たり前を実行するからこそ，様々な責任から免除されていると言える。そのような当たり前を構成しているのは，「世間（Das Man）」である[8]。しかし，あえてその当たり前の衣を脱ぎ捨てて，自由に物事を考えてみようというのが，哲学をすることでもある。自由に考えるとは，難しいことである。知識は，自由に考えることの助けにもなり得るが，自由に考えることを妨げることがある。言わば，思い込みのようなものが，そこにはある。したがって，哲学についての知識もまた，哲学対話の前には両義性をもつものとなるのである。

　では，実際にどのように哲学対話は行われるのだろうか。哲学対話は，1時間から2時間くらいかけて行われる。参加人数は数名から30名ほどで，参加者の対象を区切ることもある。そして，1人のファシリテーターがいる。ファシリテーターとは，英語のfacilitateの名詞形であり，facilitateすなわち対話を促進させる役割の人を指す。多くの場合，哲学対話の企画者が行うものである。ファシリテーターは，基本的には進行を司るが，そのほかは1人の参加者として哲学対話に参加する。「問い」は，参加者のなかから提示される場合もあれば，企画側が予め決めておくこともある。参加者から提示される場合は，哲学対話が開始され，自己紹介やアイスブレイクを経て，「問い」を各自が出す時間が設けられることが多い。そして，出発点としての「問い」を対話によって決定し，その問いを巡って対話が始まるという流れだ。終わりの時間が来ると場合によっては振り返り等を行って，対話が終わる。繰り返すが，このような流れが模範というわけでもないし，その場によって多様である。

　哲学対話は，自由に考えることを目指すために，多くの場合いかなる発言も許される。しかし，対話を成立させるために，いくつかのルールが設定されることも多い。ルールの一例を紹介する。

① 何を言ってもいい。

② 人の言うことに対して否定的な態度をとらない。

③ 発言せず，ただ聞いているだけでもいい。

④ お互いに問いかけるようにする。

⑤ 知識ではなく，自分の経験に即して話す。

⑥ 話がまとまらなくていい。

⑦ 意見が変わってもいい。

⑧ 分からなくなってもいい。　　　　9)

　もちろんこれらは一例であり，参加者の年齢によっては，もっと数を減らしてもよい。なんのためにルールがあるのかと言えば，自由に考える，哲学するためにあるのだから，その目的が達成できるために最低限なルールが良いだろう。ルールによって自由に考えられなくなっては本末転倒である。

　哲学対話を行うために，基本的には道具を必要とはしない。しかし，対話の進行を助けるために，道具が用いられることがある。その代表的な例は，コミュニティボールである。これは，主にハワイ式と呼ばれるP4wCの流派が使用するものである。コミュニティボールとは，毛糸で作られたボールのこと（もちろんぬいぐるみなどでも代用できる）で，コミュニティボールを持っている参加者しか発言できないように設定するためのものである。コミュニティボールは，発言者を明確にしておくだけならず，参加者の思考それ自体がゆっくりになるという作用もある。普段我々は，「当たり前」の世界では，早い思考が行われている。思考を遅くすることで，これまでとは違った観点から考えられるようになる。

　また，問いだしの際に，出された問いをメモするスケッチブックや黒板なども使用される場合がある。ただ，ファシリテーターが何をどのように書くか書かないかという判断が付きまとうこととなり，その結果ある意見が模範性を意図せずとも持ってしまう可能性があるということは

一考すべきだろう。

　最後に，ここで予想される批判にあらかじめ応えておくと，結局哲学対話は，言語による活動であり，言語による認知という観点からしか子どもを見ることができないのではないかという指摘があるかもしれない。確かに，リップマンによる P4C では，ある小説を基に哲学対話が繰り広げられるし，そのような批判に向き合わないといけないかもしれない。しかし，このような批判に答えるように，すでに様々な実践が繰り広げられている。筆者が実際に行った例で言うと，絵画や粘土などを使った哲学対話への参加を保障したこともある。思考力は，数値によって測定することもできない。何か言語を発しないならば，思考していないのかと言われれば決してそうであるとは言えないだろう。例に挙げられたような実践以外にも，哲学対話への言語による参加以外の参加方法は，模索されている。それでもなお，哲学対話と言語との関係についての論点は残り続けるであろう。

3　なぜ，子どものための哲学対話なのか

　これまで P4wC について概説してきた。しかし，必ずしも思考力との関係は明示されてこなかった。では，本書で取り上げられる思考力と P4wC は，どのようなつながりがあるのかを示したい。

　P4wC は，本書でも度々参照されてきた学習指導要領が改訂され，学習指導要領の中でも鍵概念とされる対話的で深い探究的な学び（アクティブ・ラーニング）と密接にかかわる。小玉[10] が指摘する通り，これまでの教育課程においては，大学のような高等教育機関から普遍的な真理を中等教育，初等教育，幼児教育へと下ろしていくという構造があった。しかし，探究を基礎に置く教育には，「子どもによる探究活動が横断的につながり，初等中等教育における探究活動や（中略）シティズンシップ（市民性）教育ともリンクして，既存のアカデミズムにおける知

の体系を突き崩していく」[11] 可能性が内包されていると言える。

　では，哲学対話が育成する思考力とは何なのだろうか。実際に起き得る P4wC の場面を再現しながら，P4wC において思考するとは，どういうことか具体的に見ていこう。リップマンによると，推論がそれに当たると言えるだろう。推論には，様々な形があるが，リップマンは推論を三つに分けている。「個々の知覚に基づく推論,論理に基づく推論,様々な種類のデータに基づく推論」[12] の三つである。特に注目したいのが，知覚に基づく推論である。多くの人は，五感によって世界を知覚している。すなわち，視覚，聴覚，触覚，味覚，嗅覚である。これらを通した知覚は，ありありと対象を感じることができるため，記憶にも残りやすく，考えるための素材として十分であり，また考えるための動機としても十分に力を持つ。経験に即して話すことがルールに組み込まれることが多いのは，以上のことが考慮されている。しかし，自身に起きたことは，絶対ではないことは多くのことが納得するだろう。そのために抽象的に論理で考えることや様々なデータを用いて推論することが，新たな知へと至る手助けになることは，容易に想像できる。

　このような推論をできるようになるために，何が目標とされるのだろうか。リップマンは，多くの目標を挙げているが，いくつか代表的なものを示すならば，「別の選択肢を発見する，部分と全体の関係を発見する」ということが挙げられる[13]。別の選択肢を発見するとは，どういうことだろうか。例えば，我々は，普段二項対立的に物事を考えることが多い。それは，現実が複雑であり，早い判断を求められるからこそ，ある程度単純化しなくてはならないからなのだろう。しかし，本当にゆっくり考える機会を得たのならば，その現実に向き合うこともできる。そうすれば，新たな視座に出会うことも可能なのではないだろうか。実際に，P4wC における場面を例示してみよう。始まりの問いは「好きって何？」という問いにする。

A「ジェットコースターは？　好き？」

B「うん，大好き。だって，急降下するときが楽しいんだもん！」

C「えー，急降下するのがこわくて無理。Bは怖くないのか。」

B「うーん，どうだろ，こわいかな，たまに目をつぶっちゃうもん。
　でも楽しいの方が勝つ。そんな感じかな。」

C「怖いと楽しいってのが共存している感じなのかな？　そんなこと
　ってあり得るの？」

A「でも，あり得るかも！　例えば，神社の階段って，あまり手すり
　がないけど，かけっこしながら友達と降りたりしなかった？　落
　ちたら危ないけど，なんか楽しいみたいな感じ。」

　今回の例では，怖い＝負のイメージ，楽しい＝正のイメージで捉えら
れていた図式が，対話によって解体されるというシーンが挙げられた。
多くの場合，人は物事を「いいか悪いか」という図式にあてはめ，それ
らは共存しないとも考えがちである。感情もそのように分類されがちで
ある。しかし，実際にはそうではないことがここで示されている。実際
の経験を通して考え，第三の選択肢を作り出すということの一例である。
　次に，部分と全体の関係を発見するとは，どういうことか示そう。こ
れまでも指摘してきた通り，問いはその問いだけで存在しているのでは
ない。遊びのサッカーでシュートを打つのとプロの大会の決勝点がかか
った場面でシュートを打つのが違うように，ある場面はより大きな文脈
に位置付けられ，意味が獲得される。同様に，問いは分解して，小さな
問いにもなり，またその問い自身が構成する大きな問いにもつながって
いる。具体例を示してみよう。今回の始まりの問いは「なぜ学校に化粧
をしてきてはいけないのか」であったとしよう。

A「学校に化粧をしてきたらダメなんて，本当に意味が分からない。
　社会に出たら化粧なんて当たり前にするのに。」

B「なんでなんだろうね。大人は自由に化粧できるし，化粧をしていることで会社に行けなくなることはないのに，子どもだと最悪停学になっちゃうこともある。」

C「つまり，それは子どもには自由がないってこと？」

B「たしかにそうかも。考えてみると，今自由ってないのかも。お金を稼いでいるわけでもないし。」

C「でも，お金を稼ぐことと自由であることは直接にはつながらないよ。だって僕の親はお金を稼いでいるけど，いつも苦しんでいる。」

B「自由ってなんなんだろ？　どういう状態を自由って言うの？　子どもに自由はないの？」

　このように，「なぜ学校に化粧をしてきてはいけないのか」という問いは，「自由とは何か」という問いにつながっている。もちろんこのような問いが，「自由」をテーマにした問いにしか繋がらないわけではない。AやBは，自身の経験をとおして，学校での化粧というテーマを「自由」という方向へと引き取り，より狭い（別の意味では広い）テーマへと結びつけ，始めの問いに近づこうとしていると言える。リップマンは，このように部分と全体の関係を発見することは，因果関係を明らかにすることよりも，かなり軽視されてきたことを指摘しているが，部分と全体の関係を把握することは，知の有機的連関という意味でも大きな意味を持つだろう。学習指導要領に則った言い方をするのならば，部分と全体の関係を把握することは，知識の質を向上させることを意味するのではないだろうか。

　このような思考によって推論能力は育成されるし，推論能力を行使することによって思考もまた深くなるだろう。哲学対話は推論能力という意味での思考力や判断力を育てることができると言えるだろう。

　このような目標はP4wCへの参加者にわかりやすいように，クエスチョン・ツールへと反映されていることもある。クエスチョン・ツールと

は，P4wC における問い方の例のことである。

　例えば,「・なんで？（理由を聞く）・どのように？（もっと詳細に聞く）・例えば？（事例を聞く）・反対にこのような事例が……（反例を挙げる）・そもそも……（前提を問い直す）・〇〇と△△とを比べると……？（比較して考える）」このようなものである。このようなものがプリントなどで配布されたり，黒板に書かれていたりすることもある。特に，ファシリテーターも含めて参加者が P4wC に不慣れな場合には，問い方が分からず，対話に参加しにくくなってしまうこともある[14]。そのような場合には，クエスチョン・ツールは有効にはたらくであろう。

　本節では，前節までの議論を踏まえ，P4wC がいかに必要とされ，どのように思考力を育成するかを示してきた。特に具体的な場面を想定することで，P4wC の可能性を示そうと努めてきた。実際の場面を記述することで，少しでも読者の P4wC への理解が深まり，実践へのきっかけとなれていたら，筆者として最上の喜びである。最初にも述べたが，P4wC には様々な入門書がある。本稿での引用を頼りに，次の学びへと進められるように配慮したつもりである。適宜参照し，今後に繋げていただけると幸いである。

4　哲学対話の指導試案

　最後に付録として，哲学対話の指導試案を記して，本稿を終えたい。対象は中学生とし，1クラス35人編成で2グループに分ける。分け方はランダムで行うものとする。50分授業の2コマ連続で行った場合を想定する。状況設定としては，P4wC は，子どもたちにとって初めての体験であることを想定する。なお，ファシリテーターは担任と副担任等が行うものとする。

導入	・ルール説明（5分）	備考・状況設定
	まずは，P4wCとは何かを説明する。できるだけ日常で使われる言葉を使って説明する。	生徒は，椅子のみで円を作り，椅子に座る。
	次にルールを発表する。自由に考えるための最低限のルールであることを伝え，ルールは「①よく聞く。②人の意見に対して，わざと傷つけることは言わない。③だまっていてもOK。④意見が変わってもOK。⑤話している途中に分からなくなってもOK」の5つにする。よく聞くということは，考えることにもなるということ，黙っていても，分からなくなっても，考えられていることに意味があるということを強調する。	
	初めてのP4wC実践ということで，「よく聞く」ことと思考をゆっくりにすることに慣れることに重点を置き，コミュニティボールはぬいぐるみ等で代用して使用する。コミュニティボールの説明もここで行う。	
	・アイスブレイク（15分）	
	「質問ゲーム」を行う。問うことの練習をするために，「質問ゲーム」を行うことを伝える。できるだけ多様な問い方に触れられることに意識を向け，ファシリテーターも1人の参加者として参加する。	
	お題は，「将来，○○屋さんをやるとしたら，なにがいい？」	
	1人2分で行い，いくつみんなで質問できたかファシリテーターが報告する。	
	5人くらい指名あるいはボランティアを募り，合計15分程度に収まるように進行する。	

問い出し	・問い出し（30分） 　質問ゲームで問うことに慣れてきたところで，問い出しに移る。質問ゲームは，対話のテンポが早いことが予想されるため，1分間問いを考える時間を取りつつ，思考のスピードを緩やかにする。声掛けとして，質問ゲームでの問いや問い方を思い出しながら，今日考えてみたい問いを出すことを伝える。 　17〜18人で1人1分から2分を想定する。ここでは一度すべての人にコミュニティボールが回るようにする。（もちろんパスもOK） 　参加者から出た問いは，規範性を持たせないように，すべて一言一句同じように黒板に書く。 　一周して問いが出たら，出た問いに対して，質問があるかどうか追加で意見を言いたい人がいる尋ねる時間を設ける。（*この段階から自然と対話が始まることがあるが，その場合は続ける）	
哲学対話開始	・対話開始（60分） 　あらかた問いへの質問が終わったら，問いをグルーピングしたり，問いの特徴があれば述べたりし，まとめつつ，出発点として一つの問いを決め，対話を開始する。この際，問いは問い同士でつながっており，またどれかに優劣があるわけでもないということを強調する。	・哲学対話中は，ファシリテーターも1人の参加者として参加するために，黒板は基本的には用いないこととする。
振り返り	・振り返り（10分） 　この哲学対話を振り返る。今回考えた問いはなんだったのか，問いは，いかにほかの問いとつながっていたのか。そして，どのような問い方がそれを可能にしたのかを意識して，まとめる。 　ノートを配布し，感想や考えたことを記入する時間を取る。	・ノートの配布は，ノートの記入直前に行う。

注

1)　これらリップマンの実践の一端は，以下の文献で触れることができる。
　　リップマン・マシュー，シャープ・マーガレット，オスカニアン・フレデリック『子どものための哲学授業─「学びの場」のつくりかた』河野哲也・清水将吾監訳，河出書房新社，2015 年。

2)　リップマン以降の P4wC についての議論をまとめた論集で代表的なものだと以下の文献がある。
　　M.R. グレゴリー，J. ヘインズ，K. ムリス編著『子どものための哲学教育ハンドブック─世界で広がる探究学習』小玉重夫監修，田端健人他訳，東京大学出版会，2020 年。

3)　学校での哲学対話の実践の代表例では以下の文献がある。
　　p4c みやぎ出版企画委員会『子どもたちの未来を拓く探究の対話「p4c」』東京書籍，2017 年。

4)　日本においても，哲学コンサルティングを業として行う会社が存在している。株式会社クロス・フィロソフィーズがそれに当たる。

5)　各実践の詳細については，以下の文献を参照されたい。
　　河野哲也編，得居千照・永井玲衣編集協力『ゼロからはじめる哲学対話』ひつじ書房，2020 年。

6)　「哲学をする」という実践は，日本でも行われている。例えば，鷲田清一は，哲学が「モノローグ」に陥っていると批判し，「聴くこと」に焦点を当て，学問の再編成を試みている[7]。

7)　鷲田清一『「聴く」ことの力：臨床哲学試論』阪急コミュニケーションズ，1999 年。

8)　ハイデガー，マルティン『存在と時間』原佑・渡邊二郎訳，中央公論新社，p.330。

9)　梶谷真司『考えるとはどういうことか　0 歳から 100 歳までの哲学入門』幻冬舎新書，2018 年，p.47。

10)　小玉重夫「巻頭言」（ⅱ）『子どものための哲学教育ハンドブック　世界で広がる探究学習』M.R. グレゴリー，J. ヘインズ，K. ムリス編著，東京大学出版会，2020 年。

11)　同上。

12)　リップマン（2015）pp.112-114。

13)　リップマン（2015）pp.122-145。

14)　この場合の参加とは，直ちに発話することを意味しない。ただ聞いているだけでも，黙って考えているだけでも，P4wC の意義を鑑みれば，参加しているとみなすことができる。

第 14 章

「問い」への着目による思考力の育成
── 「SDGs の達成を目指す」学習から＜中学校＞

松倉紗野香

1　はじめに

　中学校では 2021 年度から，新学習指導要領（2017 年 3 月公示）が全面実施となり，あらゆる教育活動において「捉え直し」がされるようになった。新学習指導要領では前文が設けられ，「（中略）一人一人の生徒が，自分のよさや可能性を認識するとともに，あらゆる他者を価値のある存在として尊重し，多様な人々と協働しながら様々な社会的変化を乗り越え，豊かな人生を切り拓き，<u>持続可能な社会の創り手となること</u>ができるようにすることが求められる。（中略）」（下線部筆者）と記述されている。

　前文で示された「持続可能な社会の創り手」を育むためにわたしたちは「持続可能な社会」とはどのような社会で，そうした社会の創り手を育むための授業とはどのような授業なのか，そして，そうした授業において教師はどのような役割を担っていくのだろうか，という「問い」を抱くのではないだろうか。

　本章では，筆者が研究主任として関わった埼玉県上尾市立東中学校による「グローバルシティズンシップ科」（GCE 科）を事例とし，SDGs（Sustainable Development Goals: 持続可能な開発目標）の達成を目指した学習において「問い」に着目した思考力を育む実践を取り上げる。同校の実践では，現実社会で議論されている多様で複雑な課題を学習内容

として扱い，多くの「問い」と向き合ってきた。そのことは生徒のみならず，教師も同様であり，「問い」を中心に据えた実践を展開しようと様々な工夫をする場面が多く見られた。実践をもとに生徒や教師が「問い」をどのように生成し，答えの定まらない「問い」と対峙してきたのかを紹介する。

　学習指導要領解説総則編では，「思考力，判断力，表現力等」を学校教育法第30条2項を用いて「『知識及び技能』を活用して課題を解決するために必要な力」であると説明している。この「知識及び技能を活用して課題を解決する」過程については，以下の3つの過程があることを示している。本章では，主に一つ目の過程に着目し，定まった答えのない「問い」を探究することによって育まれる思考力について検討したい。

・物事の中から問題を見いだし，その問題を定義し解決の方向性を決
　定し，解決方法を探して計画を立て，結果を予測しながら実行し，振
　り返って次の問題発見・解決につなげていく過程
・精査した情報を基に自分の考えを形成し，文章や発話によって表現
　したり，目的や場面，状況等に応じた互いの考えを適切に伝え合い，多
　様な考えを理解したり，集団としての考えを形成したりしていく過程
・思いや考えを基に構想し，意味や価値を創造していく過程

2　埼玉県上尾市立東中学校「グローバルシティズンシップ科」

(1)　グローバルシティズンシップ科の実践について

　同校は，2015年度から2018年度の4年間にわたり文部科学省による研究開発学校の指定を受け，新教科「グローバルシティズンシップ科」（GCE科）を創設し，中学校におけるグローバルシティズンシップ教育に関わる研究・実践を進めた学校である。研究指定期間中は，総合的な学習の時間をGCE科に置き換え，教科や経験にかかわらず同校のすべての教師が実

践者となり，SDGs の達成を目指した学習を展開してきた。指定期間終了後の現在は，総合的な学習の時間に戻しながらもこれまでに培った学習方法を継続し，ほぼ同様の学習内容を用いて授業を実施している。

　同校の GCE 科は，ユネスコが提唱するグローバルシティズンシップ教育[1]の目的である「グローバルな課題に対して，地域の視点およびグローバルな視点の両方向からより良い解決の方法を考え，主体的にそれらに関わる動機付けの醸成」，「より構成，平和，寛容，そして安全な持続可能な世界を実現するために当事者として積極的に貢献できる人材の育成」に依拠し，社会課題を「自分ごと」として捉え，主体的に社会に参画できる市民の育成を目指した実践を展開した。

　GCE 科では，2015 年 9 月に国連で採択された SDGs（持続可能な開発目標）を学習の柱に位置付け，「SDGs を知る学習」にとどまらず「SDGsの達成を目指す学習」をつくってきた。カリキュラムの作成にあたり，GCE 科が目指す生徒像と育みたい資質・能力を設定（表 14-1）し，3年間で実施されるそれぞれの単元をとおして 8 つの資質・能力が習得できるように単元構成を工夫した。

表 14-1　グローバルシティズンシップ科が目指す生徒像と 8 つの資質・能力

＜目指す生徒像＞
1　自らの考えや根拠のある意見をもって社会に参画できる生徒
2　多様な文化，習慣，考え方を尊重し，共に生きることができる生徒
3　自ら課題を見付け，物事を多面的に考えられる生徒
4　クリティカルな思考を身に付け，自ら進んで調査し発信することのできる生徒
5　一人の市民として，より良い社会づくりに協働して参画できる生徒

＜8 つの資質・能力＞
社会参画／多文化共生／課題発見・設定／批判的思考／協働／資料収集・活用／課題解決／表現・発信

GCE科では，「社会参加」と「自己決定」の機会を設けることを重視してきた。そのために教師は，ファシリテーターとして社会への参加を目指した参加型学習を取り入れた授業づくりや，授業で扱う諸課題について社会（企業，NGO，研究機関，自治体など）と積極的に協働し，課題を学校と社会が共有しながら学習を進め，社会参加の機会を意識的に設けていた。また，学習を進める際には，学習内容や学習方法の決定を生徒に委ね，生徒の自らの決定に基づいて学習を展開するようにしてきた。

3年間で扱う学習内容は幅広く，学年担当や生徒の興味・関心によって授業内容は毎年，異なるものの大枠として表14-2に示したカリキュラムで進めた。

表14-2　2018年度　GCE科カリキュラム（一部抜粋）

	1年生	2年生	3年生
1学期	世界の現状を知ろう（ワークショップ体験）	生き方・働き方を考えよう（職場体験学習×GCE）	SDGsフォトコンテスト（修学旅行×GCE）
	生徒総会に向けて（全校）		
2学期	SDGsを自分のことばで（SDGs理解のための活動）	持続可能な社会の実現に向けて（校外学習×GCE）	上尾をプロデュース・政策評価
3学期	社会の中にあるSDGs・講演会・SDGsの視点から見る職業	・関係機関訪問・SDGs達成に向けた提案・レポート作成	・まちづくりとSDGs・政策提案

同校のGCE科の中では，どのような学習内容であっても，生徒が扱う内容を「自分ごと」として捉え，学習を進められるよう様々な工夫がなされていた。その一つが，1年生で実施する「ワークショップ体験」である。1年生では，世界で起きている多様な課題を取り上げ，世界が抱えている不公平な現状や社会課題について体験をとおして理解を深めることを目指していた。扱うテーマはその年によって異なるものの，年度のはじめには『世界がもし100人の村だったら』[2]を用いて学年全体でワークショップを実施し，世界の現状を体感する。その後，具体的な地球規模の課題（難民，食料問題，ジェンダーなど）に関してワークショップ型の授業を実施し，世界の現状について大枠をつかめるようにして

いる。ワークショップをとおして，生徒は世界が抱える不公平や格差について触れ，こうした現状について「なぜ？」や「どうして？」という疑問や「もっと知りたい」という好奇心を引き出せる学習を展開してきた。

2 年生では，1 学期に職場体験学習の事前事後学習活動を含めて単元を構成し，事前学習として「多様な働き方」について実際の職業をとおして紹介したり，「豊かな社会」に必要なものとは何かを考え，これからのありたい社会を描いたりした。その後，1 学期後半からクラスごとに設定したテーマに基づき学習を進める。テーマ別に校外学習の機会を活用して社会課題の解決に関わる人や団体を生徒が見つけ，実際に訪問してそこで活動する人々との出会いをとおしてテーマごとの学習を深めた。

3 年生では，1 学期に実施する修学旅行を GCE 科の一環として取り入れ「まちづくり」学習に位置付けて学習を進めた。修学旅行先の奈良・京都では，まちを見る視点を育むことを目的に，現地を歩きながら SDGs に関する風景を写真におさめたり，現地の方にインタビューをした内容をまとめたりして事後レポートを作成した。その後，「上尾をプロデュース」と題し，上尾市がより持続可能なまちになるための提案や企画づくりを行った。生徒たちは市内の児童館や農園などを訪れ，利用者，生産者にインタビューをしたり，保護者を対象としたアンケートを実施したりして「市民の声」を取り入れた提案書・企画を作成していた。こうしたインタビューやアンケートを用いた学習方法は，1，2 年生に経験したことから得た学びである。3 年生の学習では，生徒がそれまでに学んできた「学習内容」に関わる知識だけでなく，課題発見・設定，資料収集，発表・発信といった学習方法にまつわる資質・能力を身につけた上で学習を進める様子を見ることができた。

⑵　グローバルシティズンシップ科による「思考力」の育成について

同校が GCE 科の実施を検討していた 2014 年は「国連 ESD（Education for Sustainable Development：持続可能な開発のための教育）の 10 年」

の最終年度であった。ESDの理念は現在も継承されており，2019年に国連が採択した『ESD for 2030』[3)]には「ESDはSDGs達成の鍵」と位置付けられ，より一層のESDの推進が求められている。

「国連ESDの10年」の期間中に国立教育政策研究所から発行された『持続可能な開発のための教育（ESD）の推進のための枠組み』[4)]には「ESDの視点に立った学習指導で重視する能力・態度」が示された。その中で「批判的に考える力」や「多面的・総合的に考える力」が例示されていたことからGCE科においても「批判的思考力」の育成に着目することとした。

GCE科では「育みたい資質・能力」のひとつに「批判的思考力」を掲げ，GCE科の実践をとおして批判的思考力の育成を目指した。同校では，「批判的思考力」を①ある一つの事象について，根拠に基づき客観的に判断して考える力。②事象に関わるステークホルダー（利害関係者）を分析し，多様な視点を用いて多面的・総合的に考える力。③事象の表層だけを捉えるのではなく，その背景を捉え，本質的な理解をする力。④意見だけでなく代替案を考えたり，最適解を見出そうとしたりする力の4点として示した。同時に，メディアで示されている内容や収集した資料に書かれている内容を安易に鵜呑みにせず，客観的・総合的に検証し，その内容の価値を判断するといったメディア・リテラシーの育成にも重点を置いた。

こうした批判的思考力やメディア・リテラシーの育成には，単発的な単位での実践ではなく，長期的な視点で取り組むことが必要である。そこで，GCE科において「問い」に着目した実践から育まれた思考力について，実践をもとに紹介したい。

3　テーマ別学習における「問い」に着目した実践

GCE科の2，3年生の学習では，あらかじめ用意された学習内容が存在するわけではなく，教師と生徒が話し合いを重ね，具体的な学習テー

マを設定している。とくに2年生の1学期後半から実施される単元「持続可能な社会の実現に向けて」では、およそ10ヵ月におよぶ学習期間で扱うテーマをクラスごとに設定するところから学習が始まる。そして、単元の中で繰り返し「問い」を生成し、「問い」に向き合いながら授業を進め、課題の解決に向かうことが求められる。

　本単元における「問い」にはおおまかに分けて2つの「問い」がある。一つは、生徒の思いや考えを引き出すための「問い」（<u>なぜ、それを知りたいと思ったのか、何が気になることなのか</u>）である。もう一つは、ある一つの事象について思考を深めるための「問い」（その事象に関わる人は誰なのか。賛成意見と反対意見ではどこが主な論点になるのか）である。前者は主に教師が用いる「問い」であり、後者は、教師、生徒ともに用いる「問い」である。2つの「問い」が生成されるためには、いずれも「なぜその問いをするのか」「その問いで知りたいことは何か」といった問いの目的の意識化が求められる。

図14-1　持続可能な社会の実現に向けて

➤　グループ学習では、主にグループテーマに関する「資料収集」「論点整理」「訪問先調査」「質問づくり」「提案作成」を繰り返し実施する

➤　12月前半の校外学習の際にグループテーマに関する企業、NGO, 研究機関等を訪問

(1)　「テーマ（課題）の設定」場面における「問い」の生成

　本単元「持続可能な社会の実現に向けて」は、「問い」からはじまる単元である。単元の冒頭にクラステーマを設定する時間を設け、担任教師と生徒が「持続可能な社会とはどのような社会なのか」、また「その実現のために何が必要なのか」、「現在、足りていないものやことは何か」という「問い」を用いて、話し合いを繰り返しながらクラステーマとして扱う課題の設定を行う。そして、クラステーマがおおよそ決まってくるとそのテーマをより具現化するためのグループテーマについて話し合

い，各クラス6～7のグループテーマが設定される。

　話し合いの際には，1年生のときに実施した地球規模課題を扱った
ワークショップやSDGsに関して学習した内容だけでなく教科の学習内
容が活用され，既有の知識を関連づけて考えたり，知識をもとにしてさ
らに新しい情報を加えたりしながらクラスターテーマとグループテーマを設
定しようとする生徒の姿が見られる。また教師も，担当教科に関わらず，
生徒の興味・関心に基づいて教材研究を進めると同時に職員室の中では，
学年や教科の枠を超え，学校全体で2年生の課題設定についての議論が
展開される。「問い」の生成にはある程度の知識や物事への理解が必要
とされる。

　上記のように本単元では「課題の設定」には多くの時間を費やすこと
になる。そして，一度決まったテーマであっても途中で修正が加わるこ
ともあるため，課題の設定と資料の収集や整理分析といった複数の学習
活動を同時並行的に進めながらテーマ（課題）の設定が行われることに
なる。その際に，教師も生徒もテーマに関わる「問い」と向き合いなが
ら学習が展開される。図14-2で示したように，課題の設定に至るまで
には，課題にまつわる問いづくりや関係する資料の収集，そしてその課
題に関わる人や団体，国や地域などのステークホルダーを分析するとい
った活動を往還しながら課題を吟味していくことが求められている。

　この際に，本単元では「真正（オ
ーセンティック）な課題」が扱わ
れることから，新聞をはじめとす
るメディアを積極的に活用する。
教師にも生徒にも「メディアリテ
ラシー」が必要とされ，メディア
を批判的に捉えつつ書かれている
内容の根拠を見出すことや同じ事
象について書かれている複数の新

写真14-1　新聞活用

図14-2　課題の吟味のための学習サイクル

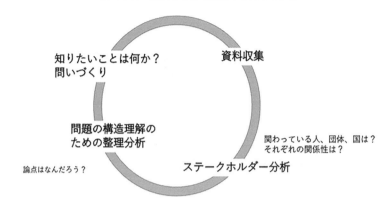

聞や記事を読み比べ，情報の信憑性について考えた。

　こうした工夫をしながらも単元の冒頭で，クラステーマ決めが始まると最初に挙げられるのは「気候変動について」という「○○について」や「難民問題を解決する方法」という「○○を解決する方法」と題したテーマが多い。これらはクラステーマとして扱うには抽象的で壮大なテーマであり，持続可能な社会の実現に向けて「何を解決したいのか」，が曖昧になってしまうことが予想される。

　そこで，これらのテーマが挙げられた際には，教師から「気候変動とは何を示すのか」または「難民とは誰のことを示しているのか」という言葉の定義や意味が問われる。すると生徒は，それまで曖昧に用いていた「気候変動」や「難民」という言葉についてインターネットで検索をしたり，それぞれの単語がタイトルになっている本を借りたりしてくる。探し出した資料から単語の意味を明らかにしたり整理したりして，少しずつ「気候変動」や「難民」をめぐる問題についてその周辺にある知識を得ながら概要を掴めるようになる。その際に，周辺知識を整理するために考えるための技法として「思考ツール」を活用する場面もある。

　「AI」についてテーマにしたクラスでは，最初に生徒の考えを引き出し，可視化するために「ウェビング」の方法で「AI」と聞いてイメー

ジする単語や知っている情報を書
き出した。

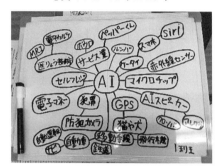

　次に AI の何が課題として挙げ
られるのか，AI 利用の問題点に
ついて深めるために AI を「使う
側」「作る側」の立場から AI 利
用のメリット・デメリットを問い，
課題の設定を進めていた。そのほ
かに新聞記事を活用し，テーマにまつわる記事を読み，記事の中から疑
問に思ったことなどを生徒が「問い」のかたちで書き出し，記事の内容
理解を深める工夫をしていた。

　クラステーマが何に着目したテーマなのか，その着目する内容が持つ
問題背景や現状理解についておおまかに考えがまとまってきた頃から，
グループテーマに関する話し合いがはじまる。そこでは，クラステーマ
として掲げた課題を解決するにあたって，「何が問題になっているのか」
を問い，問題状況の論点整理，また多様な視点で課題を捉えるために，
ステークホルダー分析を行い，それぞれの立場からどのような意見があ
るのか，またそれらの意見の衝突があるのならば，それはなぜか，とい
った「問い」から議論を深める。

　その際，各クラスでは「課題が解決された状況」を描き，課題の解決
までの見通しを持つようにしている。気候変動に関する課題が解決され
た状況とは，どのような状況なのか。それは「日本で暮らすわたし・わ
たしたちにとってはどういう状況を現すのか」，だけでなく「ツバルや
キリバスといった海面上昇に直面する諸島地域における課題の解決とは
どのような状況なのか」を多様な視点，立場に立って考えたり，調べた
りして話し合いを繰り返す。具体を描く活動をとおしてグループテーマ
をより焦点化させ，課題の解決までに必要とされるプロセスを多少なり
とも見とおすことができる。

　グループテーマ決定に至るまでの時間に問いづくりの時間を設け，グループごとに５Ｗ１Ｈ（What/Where/When/Who/Why/How）を用いて問いをつくることや，タイムライン（時間軸）を用いての問いづくりなど可能な限り多様な視点で問いづくりを進める。この活動によって曖昧さが残るグループテーマから自分が本当に知りたいと思うことに着目し，課題を明確にすることに近づくことができる。

　「AI」に着目したクラスでは，クラステーマを「AIと人間が共生する社会のために必要なことは？」として，AIがどのような場面で使用されているのかを調べ，今後，期待されているAIの発展とそれに伴う問題点を挙げた。その後，AIの運用場面（運転技術・医療分野・教育分野など）によってクラステーマを細分化し，グループテーマにつなげた。

⑵　「問い」に着目した実践がもたらした教師の学び

　クラステーマ・グループテーマの決定に至るまでに教師は生徒に多くの「問い」を発し，生徒も生徒同士や教師へ多くの「問い」を発している。そうした中で，教師は生徒とともに課題を生み出し，設定していくことの困難さを実感する。同校の教師は本単元での「課題の設定」に費やす時間が「GCE科のなかで最も困難な時間であった」[5]と述べていた。その理由として「生徒にどう問いかけをしていいか悩む」や「自分自身がテーマに関わる問いを作ることができなかった」というような困難に直面することが挙げられていた。そして，多くの教師が「なぜ？　どうして？　以外の問い」をつくることへの課題意識があった。また，話し合い活動を中心に進められるGCE科の授業において，その話し合いの深まり具合は「問い」に左右される場面も多いことを実感していた。

　そこで，研究指定期間中に数回にわたって校内研修の時間に「問い」をテーマとした研修を実施した。2016年度に実施した研修では，企業が実施している途上国支援活動に関するパンフレットを用いて，パンフレットに書かれている内容を「より深く知るための問い」をつくるため

にはどのような「問い」をつくれば良いのか，を考える「問いづくり」
を実施した。

　記事に書かれている内容に関して「いつから始まった活動なのか」「活動のきっかけは何か」「支援国はどのように決まるのか」「消費者はこの支援についてどのような意見を持っているのか」など，パンフレットに書かれている文章だけでは明らかにされていない内容を問うための「問い」が多く出された。出てきた問いを共有しながら類似している「問い」をまとめ，「何を問いたいのか」を考えてタイトルをつけた。

　次に，出された問いを「コンパス分析」[6)]と呼ばれる手法を用いて4つの視点を例に分析をした。

E（経済）：お金の流れ，貿易，援助などお金をめぐるさまざまな動
　　　　　きを指す
W（意思決定）：誰が決定権を持つのか，誰がその決定により影響を
　　　　　　　　受けるのかなど，意思決定の力関係を指す
S（社会）：関わる人々，その関係性，伝統や監修，文化，暮らし方
　　　　　など多様な生活観や価値観を指す。ジェンダーや人種，
　　　　　障害，階級，年齢など何が社会関係に影響を及ぼしてい
　　　　　るのかを含めることもできる
N（自然・環境）：自然（水，土，森林，動植物など）と環境（廃棄，
　　　　　　　　エネルギー）など，幅広く「環境」を指す

　分析を進めながら4つの視点の中で足りていなかった問いや追加したい問いを新たに作成する時間を設けた。すると最初の問いづくりの時点では気がつかなかった視点から新たな問いをつくることができた。自分がつくった問いが何を問いたい「問い」だったのかを明らかにすることができ，「なぜ」「どうして」だけの「問い」から一歩先に踏み込んだ内容を問える「問い」に近づくことができた。

　本研修で用いたコンパス分析は，地域や課題の特徴，そこでパワーバ

ランスなどを多面的に分析するためのツールである。参加した教師は，単に「多くの「問い」を作ることができた」，という実感だけでなくコンパス分析を用いて問いを分析したことによって，一つの事象をめぐっては様々な要因，考え方がありそれぞれが複雑に関わり合っている現実を理解することの重要さ，また事象の背景理解，社会構造の理解につながることへの必然性，そして立場や視点を変えて事象を捉えるための多面的な視点が求められていることへの実感があった。

　同校の教師は，GCE 科を経て「ニュースを黙ってみられなくなった」や「新聞記事を読んでいる最中に真意を確かめたくて，他の資料を探してしまうことがある」と述べている[7]。このことは，同校の実践が生徒のみならず教師の批判的思考力やメディア・リテラシーをも育む実践であったことが考えられる。

4　「問い」に着目した実践が育む思考力

　同校では，卒業時に 3 年間の GCE 科の学習についてふりかえるための質問紙調査を実施していた。研究最終年度であった 2018 年度に卒業した生徒を対象とした調査では，「GCE 科の中で身についた資質・能力はどのような力ですか」という質問について表 14-3 のように 6 割以上の生徒が批判的思考力を身につけることができた，と回答している。

　また GCE 科の学習についてふりかえった際に以下のような思考力にまつわる記述が同調査の中に見られた。

　・「知れば知るほど，わからないことが増えていき，知れば知るほど，本当に自分が社会を変えるためにできることなんてあるのだろうか，と悩む。GCE 科はその繰り返しの授業だった。」

　・「社会課題を解決するために何をすれば良いのかを，なぜ，何を，どのように，などをいろんな立場から考えることはとても時間がかかって，頭をつかったと思う」

・「誰かの意見を聞いただけで正しいと判断するのではなく，他の意見と比べたり，批判的に見たりすることが必要だった。それは国語や社会の中でも学習したこととつながっていると思う。他の教科とGCEを関連づけて考えることが多かった」

表14-3　GCE科の中で身についた資質・能力

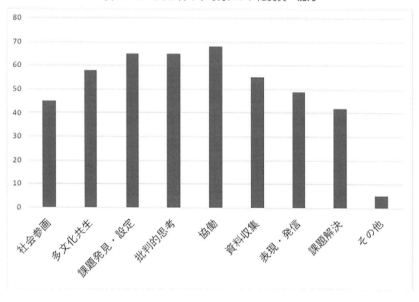

こうした結果や記述からGCE科の授業は生徒にとって常に「考える」ことが繰り返される時間であったことが伺える。GCE科の学習について，卒業時のアンケートには以下のような記述があった。

・「授業中に友達や課題の解決に関わっている人の意見を聞けるのが楽しかった。同じテーマでも考えが自分とは異なる意見があって，自分では気付いていなかったことに気付ける場面がたくさんあった。」

・「GCEの授業は，『何をテーマとするのか』を自分たちで決めるので，いつでも『なんでだろう？』と疑問を持って過ごしていたように思う。」

・「授業で扱った話題を家族とも話すことが多かった。家族と意見が合わないこともあったけれど，同級生の意見だけでなくて，大人の意

見を聞けてよかった。」

　このように授業の中で多様な意見に触れ，考えを深める場面があった。また，日常生活の中でも「問い」に応答するために物事の本質を知ろうと考え，議論を繰り返し，多様な視点から探究的な学習が進められていたことがわかる。

　同校の実践は，SDGs の達成を目指した学習であり，SDGs を「知ること」に収斂した学習ではなかった。また，生徒自らの内にある「問い」を用いて授業を構成し，その「問い」に基づいた授業を展開してきた。そのため多くの生徒が自らをテーマ（課題）の「当事者」として捉え，本気で課題の解決に挑む姿が多く見られた。そうした学習を展開してきたからこそ，本気で課題と向き合い，あらゆる視点や方法を用いて考えることを繰り返し，問い続けられる生徒を育むことができたのではないだろうか。

　GCE 科で扱う「問い」には定まった正解があるわけではない。現実社会もそうであるように，SDGs の達成に向けても「こうすれば目標が達成できる」と確固たる道筋が用意されているわけではない。唯一，世界に共有されていることは，SDGs が掲載されているアジェンダのタイトルに示されているように「Transformation」（変容・変革）であり，わたし・わたしたち自身の意識や行動を持続可能な方向に転換させることである。

　そのためにも，「問い」を自ら見出し，持続可能な社会の実現に向けて問い続けられる市民の育成を目指した学習を展開していきたい。

注

1)　UNESCO "Global Citizenship Education : Preparing learners for the challenges of the twenty-first Century" (2014).
2)　開発教育協会『ワークショップ版：世界がもし 100 人の村だったら―第 6 版』2020 年。

3)　UNESCO "ESD for 2030 roadmap"（2020）.
4)　国立教育政策研究所『持続可能な開発のための教育（ESD）の推進のための枠組み』https://www.nier.go.jp/kaihatsu/pdf/esd_leaflet.pdf
5)　2020 年 8 月に筆者が実施したインタビューより。
6)　「コンパス分析」はイギリスの開発教育センター（DEC）のひとつであるバーミンガム開発教育センターにより作成された。本章では開発教育協会『豊かさと開発』（2016）で紹介されているワークを参照にした。
7)　2020 年 8 月に筆者が実施した同校教師へのインタビュー調査より。

参考文献

・後藤芳文・伊藤史織・登本洋子『学びの技』玉川大学出版部，2015 年。
・埼玉県上尾市立東中学校『平成 30 年度研究開発学校最終報告書』2019 年。
・松倉紗野香「上尾東中学校における実践(1)(2)」田中治彦他編著『SDGs カリキュラムの創造』学文社，2019 年，98-133 頁。

おわりに

　本書の主題である思考力の重視は，もちろん日本に限った現象ではなく，近年の学校教育を巡る国際的な動向である。そしてその背景には，工業による物の生産を礎とした産業社会から，知識の創造と活用が駆動する知識基盤社会へという世界史的な社会構造の一大転換がある。

　18世紀イギリスに端を発する産業革命は，農業社会から産業社会への移行をもたらした。農業社会では，気まぐれな自然に翻弄される不安定な状況下での生産・労働を余儀なくされた。しかし，だからこそ人々は身の周りで生じるすべての出来事に注意を払い，思慮深く考えを巡らせ，常に工夫を怠らず，またお互いに協力して日々の生活や仕事の改善・創造にあたっていた。

　一方，産業社会は人為に基づく計画的で安定な生産・労働環境を人々にもたらしたが，それは同時に，もはや自分の才覚をかけての工夫を求められもしなければ認められもしないあり方へと，人々の精神を導く契機ともなった。産業社会は，産業機械のように単純で定型的な労働を淡々と遂行できる能力と心性を人々に強く求めたのである。

　今日まで続く近代学校は，この要請に応えるべく生まれてきた。そこでは，現状における「正解」の量的蓄積と型通りの運用が中心的課題となる。自らの意思で工夫や創造を試みたり，疑問を差し挟んだりすることは，時に疎んじられこそすれ，あまり歓迎されはしない。教師に質問を繰り返したが故にわずか三ヵ月で放校処分となったエジソンの逸話

は，このような近代学校に独特な風土をよく象徴している。近代学校が求めたのは，いわば「考えない子ども」だったのである。

そして，いまや社会構造は再び転換期を迎えている。情報機器の普及やデジタル技術の進歩に伴い，要素的な知識の単なる所有は陳腐化し，その価値は著しく低下した。一方，グローバル化の進展は，文化的背景の異なる人々との協働や連帯を日常的に要請する事態をもたらした。

産業社会を牽引してきた製造業ですら，もはや基本性能の優秀さだけでは十分ではなく，さらに他社との差別化を図るべくマーケットの潜在的要求をいち早く察知して具体的な形にし，あるいは斬新な提案によりマーケット・ニーズを創出する必要がある。大胆な発想の下，在来の知識を組み合わせ，あるいは活用してイノベーションを起こすことが期待されているのである。

知識基盤社会では唯一絶対の「正解」は存在せず，人々はその状況における「最適解」や「納得解」をその都度自力で，あるいは多様な他者と協働して生み出すしかない。かくして，産業社会を前提に発展してきた学校は，個別的で要素的な知識や技能の習得を最優先で目指す内容中心（コンテンツ・ベイス）の教育から，幅広い資質・能力の育成を基盤とした（コンピテンシー・ベイス）教育へと，その原理を転換することを強く求められている。そして，思考力はその中核に位置づく。まさに，「考える子ども」を育てる教育の復権である。

もっとも，かねてより心ある教師は，エジソンを三ヵ月で放校処分にして平然としていられるような学校の体質に不満と憤りを感じてきた。また，懸命に教え込んできた「正解」の量的蓄積と定型的運用が，およそ現実社会では「生きて働かない」学力であることを見抜いては，何とか改善しようともしてきた。知識基盤社会の到来とさらなる進展，そしてそれが求める学力論なり人材像は，そんな心ある教師の積年の志を，むしろ後押ししてくれるに違いない。

折しも，2021 年 1 月 26 日の中央教育審議会答申「『令和の日本型学

校教育』の構築を目指して」の中に，興味深い一文がある。

　「我が国の経済発展を支えるために，『みんなと同じことができる』『言われたことを言われたとおりにできる』上質で均質な労働者の育成が高度経済成長期までの社会の要請として学校教育に求められてきた中で，『正解（知識）の暗記』の比重が大きくなり，『自ら課題を見つけ，それを解決する力』を育成するため，他者と協働し，自ら考え抜く学びが十分なされていないのではないかという指摘もある」（8頁）。

　日本の学校が「みんなと同じことができる」「言われたことを言われたとおりにできる」教育を展開し「正解（知識）の暗記」に終始してきたのは，必ずしも教育関係者の主体的で内在的な要求によるのではなく，日本の「経済発展を支える」べく「上質で均質な労働者」を供給するためであり，経済社会からの要請，いわば外圧だったというのである。

　しかし，社会構造の転換に伴い，外圧はすでに存在しない。すると，今も学校に色濃く残る「正解（知識）の暗記」重視の風潮は，ひとり学校教育だけがかつての成功体験に基づき，いわば「慣性」によって，思考停止のまま漫然と従来の路線を走り続けているからではないか。

　学校は今こそ，どのような子どもを育てるのか，またそれを通してどのような社会を実現していくのかを，自律性と創造性をもって思考すべきである。2017年版学習指導要領の理念である「社会に開かれた教育課程」における「社会や世界の状況を幅広く視野に入れ，よりよい学校教育を通じてよりよい社会を創る」との表現は，まさにそれを求めている。

　2030年代に向けての時代の激動，それは産業革命がかけた200年に及ぶ呪縛から私たちの学校が抜け出し，本来の子育ての場へと生まれ変わる千載一遇の好機である。

奈須正裕

執筆者一覧（担当章順）

浅沼　茂（あさぬま・しげる）

1986年米国ウィスコンシン大学マジソンにてカリキュラム理論でPh.D.（哲学博士）を取得。帰国後，聖路加看護大学講師・助教授，名古屋大学教育学部ならびに同大学院国際開発研究科助教授，東京学芸大学教授，立正大学特任教授などを歴任し，現在東京福祉大学特任教授。（第Ⅰ部第1章，編著者）

秋山仁（あきやま・じん）

東京理科大学栄誉教授，科学技術庁参与，文部省教育課程審議会などの委員を歴任，サントドミンゴ自治大学名誉博士，ヨーロッパ科学院会員，コロンブス騎士勲章受章。（第Ⅰ部第2章，編著者）

奈須正裕（なす・まさひろ）

上智大学総合人間科学部教育学科教授。現行の学習指導要領等に，中央教育審議会初等中等教育分科会教育課程部会等の委員として関わる。（第Ⅰ部第3章，編著者）

大杉住子（おおすぎ・すみこ）

文部科学省初等中等教育局幼児教育課長。2017年の学習指導要領改訂を教育課程課教育課程企画室長として担当。（独）大学入試センター審議役，日本ユネスコ国内委員会事務局次長などを経て現職。（第Ⅰ部第4章）

嶺岸秀一（みねぎし・しゅういち）

千葉県長期研修生（社会科：平成9年度），上智大学総合人間学部教育学科・非常勤教員（平成19年），八千代市立萱田中学校校長（平成28・29年度），八千代市教育委員会指導課長（平成30・令和元年度）：教育次長（令和2年度），八千代市立阿蘇中学校校長（令和3年度），八千代市立阿蘇米本学園校長。（令和4年度〜）（第Ⅰ部第5章）

大野寛武（おおの・ひろむ）

前神奈川県藤沢市立第一中学校校長，横浜国立大学大学院数学教育専攻修了，神奈川県教育委員会指導主事，神奈川県公立中学校長会副会長などを歴任，数学教育が専門。（第Ⅱ部第6章）

柴田祥彦（しばた・よしひこ）

東京都立三鷹中等教育学校指導教諭，東京学芸大学学校教育専攻修了。立正大学非常勤講師。地理教材共有化の会代表。Sensei with Google Earth Japan代表。（第Ⅱ部第7章）

小玉容子（こだま・ようこ）

東京学芸大学教育学研究科修士課程修了。教育学修士。東京都の公立中学校・小中一貫校・中高一貫校に勤務，社会科主幹教諭。退職後，東京都歴史文化財団江戸東京たてもの園担当係長。現在，立正大学非常勤講師。（第Ⅱ部第 8 章）

山岸　皇（やまぎし・みこと）

立正大学文学部史学科卒業，現在北海道釧路東高等学校勤務，北海道教育大学大学院教育学研究科教科指導授業開発コース在学。（第Ⅱ部第 9 章）

高橋洋行（たかはし・ようこう）

立正大学社会福祉学部准教授，早稲田大学大学院教育学研究科博士課程満期退学，松山東雲短期大学，こども教育宝仙大学などを歴任。フランスの道徳・公民教育カリキュラムが専門。（第Ⅱ部 10 章）

植村利英子（うえむら・りえこ）

東京学芸大学教育学研究科国際教育専攻修士課程修了，川崎市立中学校勤務を経て，現在川崎市立橘高等学校総括教諭（教科は英語科），立正大学非常勤講師。（第Ⅱ部第 11 章）

竹村直記（たけむら・なおき）

現在ブリティッシュコロンビア大学大学院在学，東京学芸大学大学院修士課程修了，上智大学大学院博士課程満期退学。カリキュラム理論を専攻。（第Ⅱ部第 12 章）

片山嵐大郎（かたやま・らんたろう）

2019 年東京学芸大学卒業後，東京大学大学院教育学研究科修士課程に進学，現在同博士課程在籍中。（第Ⅱ部第 13 章）

松倉紗野香（まつくら・さやか）

埼玉県立伊奈学園中学校教諭（英語科），上智大学総合人間科学研究科教育学専攻博士後期課程在学，認定 NPO 法人開発教育協会（DEAR）理事，専門は，ESD・グローバルシティズンシップ教育など。共著に『SDGs カリキュラムの創造』（学文社，2019）などがある。（第Ⅱ部第 14 章）

※所属は執筆時のものです。

編著者紹介

秋山仁
　東京理科大学栄誉教授，科学技術庁参与，文部省教育課程審議会などの委員を歴任，サントドミンゴ自治大学名誉博士，ヨーロッパ科学院会員，コロンブス騎士勲章受章。

浅沼茂
　1986 年米国ウィスコンシン大学マジソンにてカリキュラム理論で Ph.D.（哲学博士）を取得。帰国後，聖路加看護大学講師・助教授，名古屋大学教育学部ならびに同大学院国際開発研究科助教授，東京学芸大学教授，立正大学特任教授などを歴任し，現在東京福祉大学特任教授。

奈須正裕
　上智大学総合人間科学部教育学科教授。現行の学習指導要領等に，中央教育審議会初等中等教育分科会教育課程部会等の委員として関わる。

思考力を育む教育方法

2022 年 9 月 15 日　初版発行

編著者	秋　山　　　仁
	浅　沼　　　茂
	奈　須　正　裕
発行者	武　馬　久仁裕
印　刷	株式会社太洋社
製　本	株式会社太洋社

発　行　所　　　　　　　株式会社　黎 明 書 房
〒460-0002　名古屋市中区丸の内 3-6-27　EBS ビル　☎ 052-962-3045
　　　　　　　　　　　FAX 052-951-9065　振替・00880-1-59001
〒101-0047　東京連絡所・千代田区内神田 1-4-9　松苗ビル 4 階
　　　　　　　　　　　　　　　　　　　　　☎ 03-3268-3470

浅沼茂編著 A5・204頁 2500円

思考力を育む道徳教育の理論と実践

コールバーグからハーバーマスへ／子どもが自分の行動を反省し，その行動の価値を見つめることができる,自らの価値への「気づき」をめざす道徳教育の理論と実践を詳述。

加藤幸次著 A5・150頁 2200円

個別最適な学び・協働的な学びの考え方・進め方

個に応じた指導のより一層の充実を目指して／「指導の個別化・学習の個性化」教育に長年取り組んできた著者が，一斉学習を越えた探究する学習活動などについて詳述。

加藤幸次著 A5・154頁 2100円

教科等横断的な教育課程編成の考え方・進め方

資質・能力（コンピテンシー）の育成を目指して／「教科等横断的な教育課程」の編成の仕方や学習方法を詳述。実際に進める際に参考となる実践事例も多数紹介。

加藤幸次著 A5・191頁 2400円

カリキュラム・マネジメントの考え方・進め方

キー・コンピテンシーを育てる学校の教育課程の編成と改善／学校が地域社会と連携・協働して行う「カリキュラム・マネジメント（教育課程経営）」について詳述。

加藤幸次著 A5・155頁 2100円

アクティブ・ラーニングの考え方・進め方

キー・コンピテンシーを育てる多様な授業／資質・能力（キー・コンピテンシー）」を育成する「アクティブ・ラーニング」について，10の授業モデルを提示し詳述。

小山儀秋監修 竹内淑子著 A5・148頁 2000円

新装版 教科の一人学び「自由進度学習」の考え方・進め方

子どもの個性に合わせた深い学びを実現する「自由進度学習」の考え方や進め方，学習環境の作り方などを，豊富な資料を交え詳述。

太田誠著 A5・150頁 2200円

コンピテンシー(資質・能力)を育てる算数授業の考え方・進め方

子どもがイニシアティブを持つ授業を／学習指導要領がめざす資質・能力（コンピテンシー）重視の算数授業のあり方を，著者の豊富な実践事例を通して具体的に詳述。

平山勉著　　　　　　　　　　　　　　　　B5・151頁　2300円

学校現場発，これが本物の道徳科の授業づくり
主体的・対話的で深い学びの原点は道徳科の授業の中にある

教育方法学のすすめ／子どもたち自らが考え，学びを深める道徳科の授業の実践を紹介。

堀真一郎著　　　　　　　　　　　　　　　A5・157頁　1800円

体験学習で学校を変える

きのくに子どもの村の学校づくりの歩み／日本一自由な私立学校，きのくに子どもの村学園の歴史を，興味深いエピソード，豊富な写真を交えて紹介。

伊藤邦人著　　　　　　　　　　　　　　　A5・144頁　1800円

認知能力と非認知能力を育てる算数指導

若い算数の先生に／学習塾のよさと小学校のよさを融合させた新しい算数の指導法を，教科書をどう料理するかを軸に，具体的に詳述。

蔵満逸司著　　　　　　　　　　　　　　　B5・143頁　2400円

GIGA スクール構想で変わる授業づくり入門

1人1台情報端末でできること50／学校で役立つアプリを有効活用した，児童の主体性を伸ばす授業例を50例収録。ズームを使ったオンライン授業も紹介。

蔵満逸司著　　　　　　　　　　　　　　　B5・86頁　2364円

新装版　教師のための iPhone & iPad 超かんたん活用術

初めて iPhone や iPad をさわる人でも，すぐに授業や教師生活に活かせるノウハウを収録。2021年10月時点の情報に基づく改訂新版。

蔵満逸司著　　　　　　　　　　　　　　　B5・85頁　2300円

小学校プログラミング教育の考え方・進め方

パソコンが苦手な先生でも理解できるよう，平易に解説したプログラミング教育の入門書。指導例に基づく教科別の指導プラン・ワークシートなどを収録。

渡辺暢恵著　　　　　　　　　　　　　　　B5・135頁　2400円

コピーして使える小・中学校の授業を高める学校図書館活用法

学校図書館を活用し，教師・司書教諭・学校司書が協力して作り上げる，小・中学校の授業の指導案とワークシートを収録。学校図書館のコロナ対策も紹介。

表示価格は本体価格です。別途消費税がかかります。